형태

니트

funny
shape knits

하마다 아스카

asuka hamada

백혜선 옮김

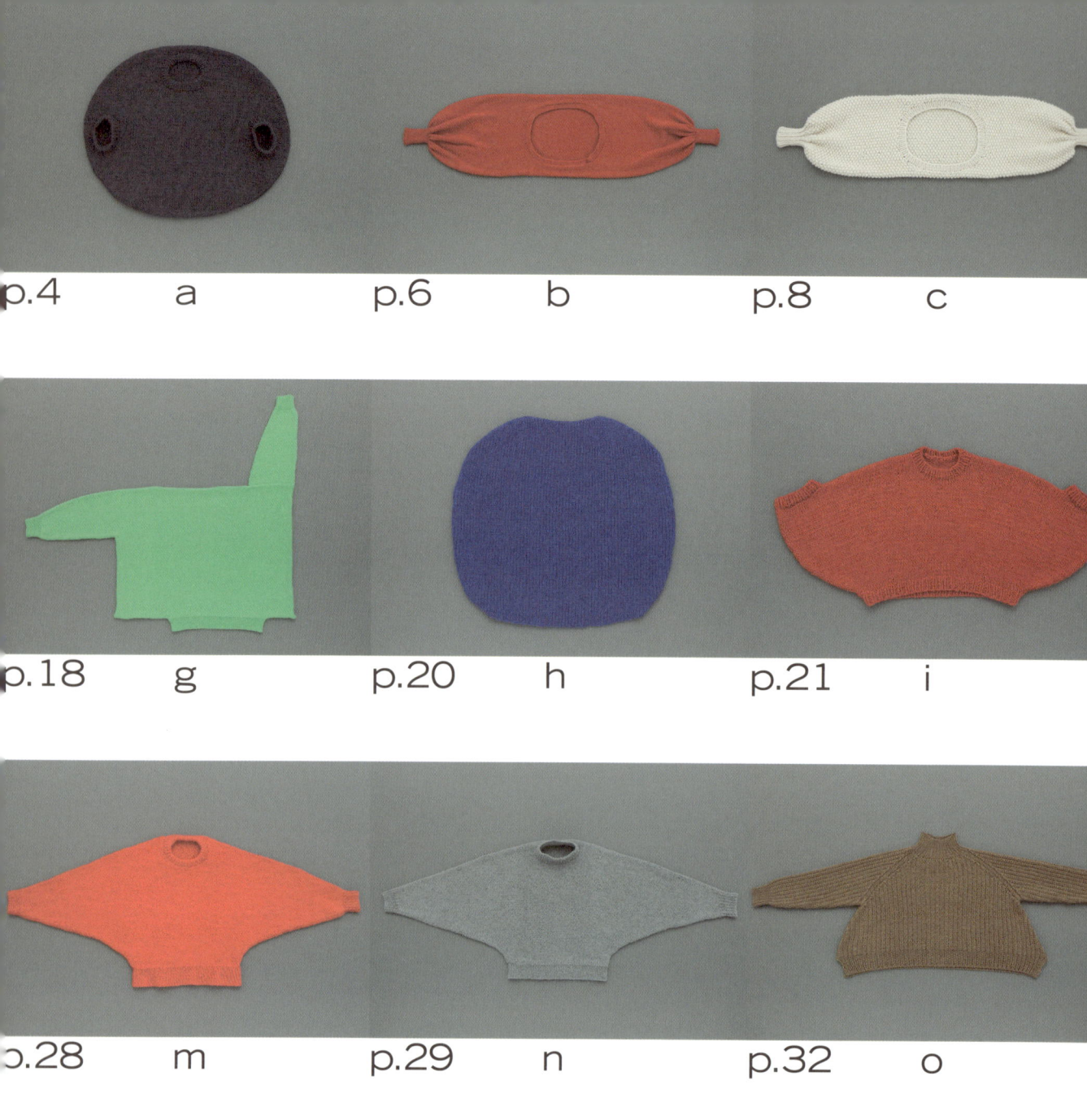

p.4   a   p.6   b   p.8   c

p.18   g   p.20   h   p.21   i

p.28   m   p.29   n   p.32   o

p.40   형태의 니트의 만드는 법

p.85   뜨개의 기초

p.87   이 책에서 사용한 실

일러두기

• 화장은 옷의 등솔기에서 소매 끝까지의 길이를 말합니다.

• 도안에 나오는 영국 고무뜨기는 변형 고무뜨기 혹은 브리오시라고도 불리는 기법입니다.

• 호수로 표기된 바늘은 일본 대바늘 분류법에 따른 것입니다.

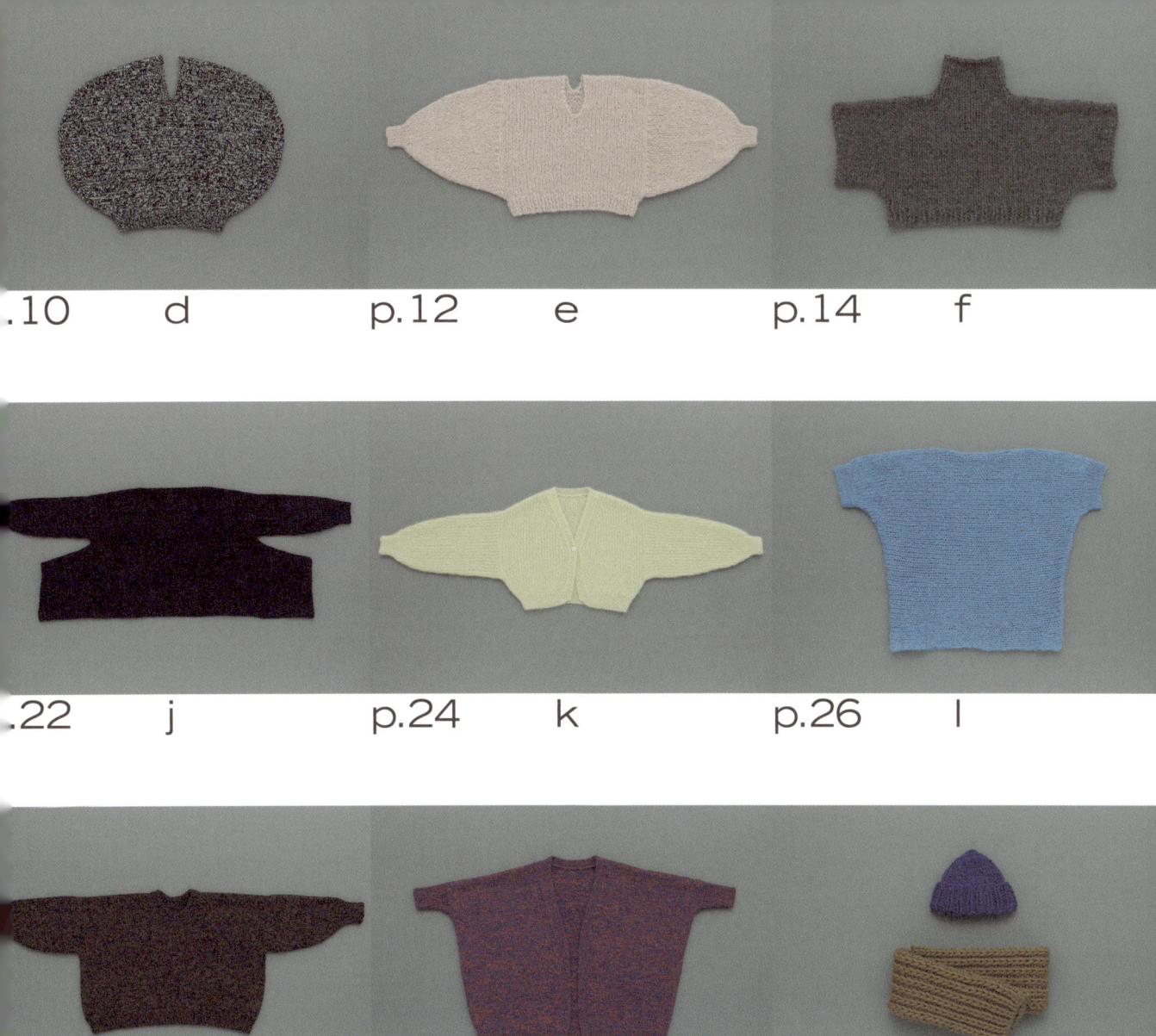

.10 d   p.12 e   p.14 f

.22 j   p.24 k   p.26 l

.35 p   p.36 q   p.38 r,s

이런 모양의 스웨터를 본 적 있으세요? 이상한 형태예요. 그런데 니트의 유연함 덕분인지 입으면 몸에 익숙해져 몸에 맞지 않는 부분은 재미있는 실루엣으로 드레이프 되지요. 그런 모양으로 심플한 짜임새와 예쁜 색을 덧대어 놀아보았어요. 그저 두었을 때의 형태와 입었을 때의 실루엣의 차이, 과감한 색깔 놀이에도 많은 재미있는 발견이 있을 거예요. enjoy!

a

how to make → p.46

d

how to make → p.48

e

TOILETTE

TOILET

how to make → p.52

f

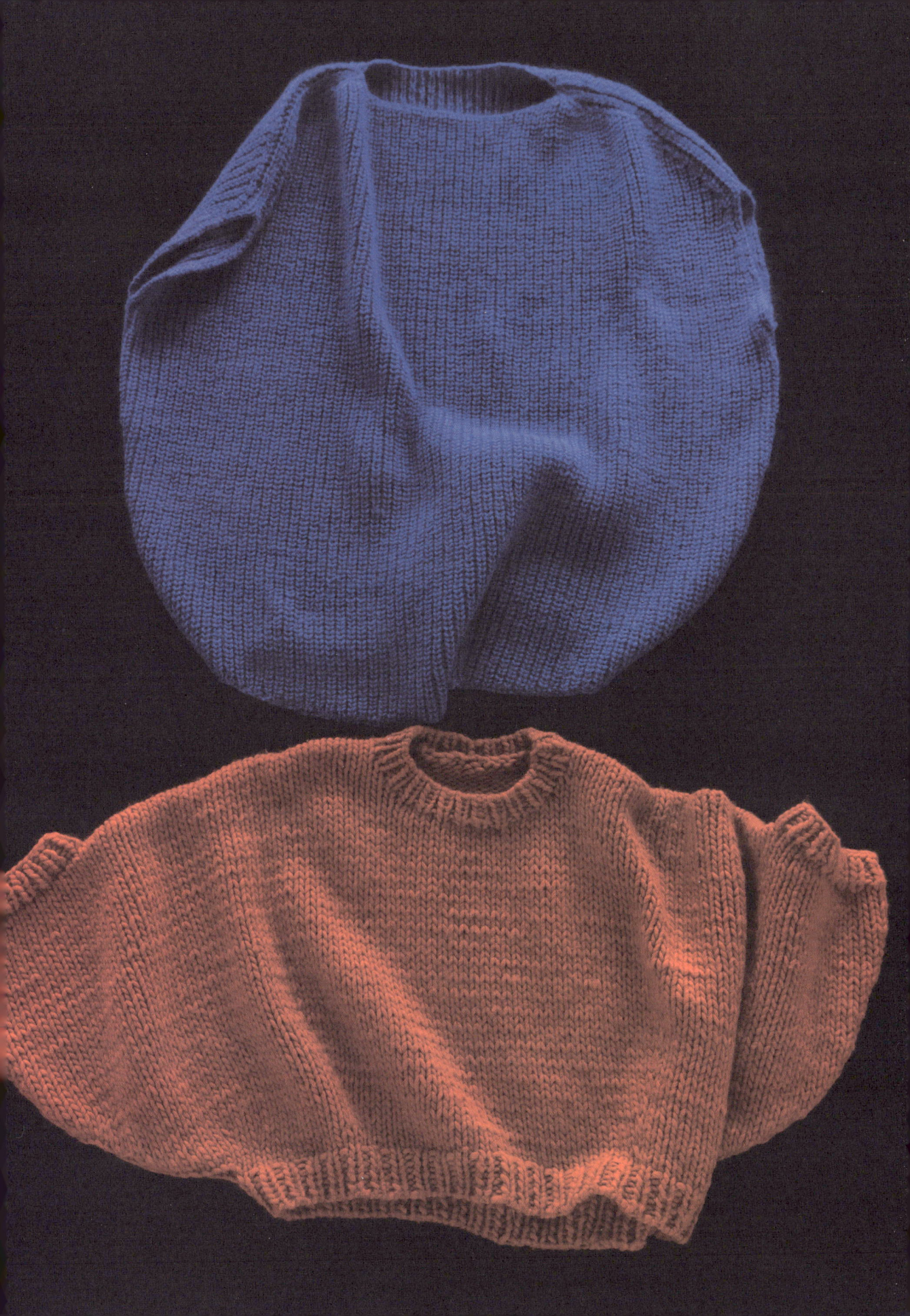

g

h

21

how to make → p.67

j

how to make → p.61

k

m

how to make → p.72

n

how to make → p.72

p

how to make → p.80

q

how to make → p.82

r *(knit cap)*, S *(scarf)*

how
funny shape

to make knits

a

p.4

동그랗게 목, 소매, 아랫단 4곳에 구멍을 내 입는 재치 있는 상의입니다. 입으면 나풀나풀한 실루엣이 연출돼요. 여름 실로 뜨면 여름에도 입을 수 있고, 안에 터틀을 맞춰 입으면 계절에 관계 없이 즐길 수 있는 옷입니다.

(**실**) Rico design / Essentials super chunky Marine (005) 350g
(**바늘**) 7mm 줄바늘(60cm), 7mm 장갑바늘 5자루, 8mm 줄바늘(80cm) ※줄바늘로 왕복으로 뜬다.
(**게이지**) 메리야스 뜨기 10cm 평방 11코 17단
(**사이즈**) 품 53cm, 기장 61.5cm

(**뜨는 방법**) 실은 1가닥으로 뜹니다.
뒤판은 8mm 바늘로 손가락에 걸어 만드는 방법으로 48코를 만들어 메리야스 뜨기로 아랫단의 구멍을 내가며 뜨고, 마무리는 덮어씌워 코막음합니다. 앞판은 동일하게 코를 만들어 메리야스 뜨기로 소매와 네크라인에 구멍을 내가며 뜨고, 마무리는 덮어씌워 코막음합니다. 네크라인은 7mm 바늘로 56코를 주워 원형으로 1코 고무뜨기를 뜨고, 마무리는 패턴에 맞춰 덮어씌워 코막음합니다. 안쪽으로 접어 감침질합니다. 아랫단, 소매 입구는 7mm 바늘로 코를 주워 원형으로 1코 고무뜨기를 뜨고, 마무리는 패턴에 맞춰 덮어씌워 코막음합니다. 앞뒤의 둘레를 돌며 세로잇기, 가로잇기 합니다.

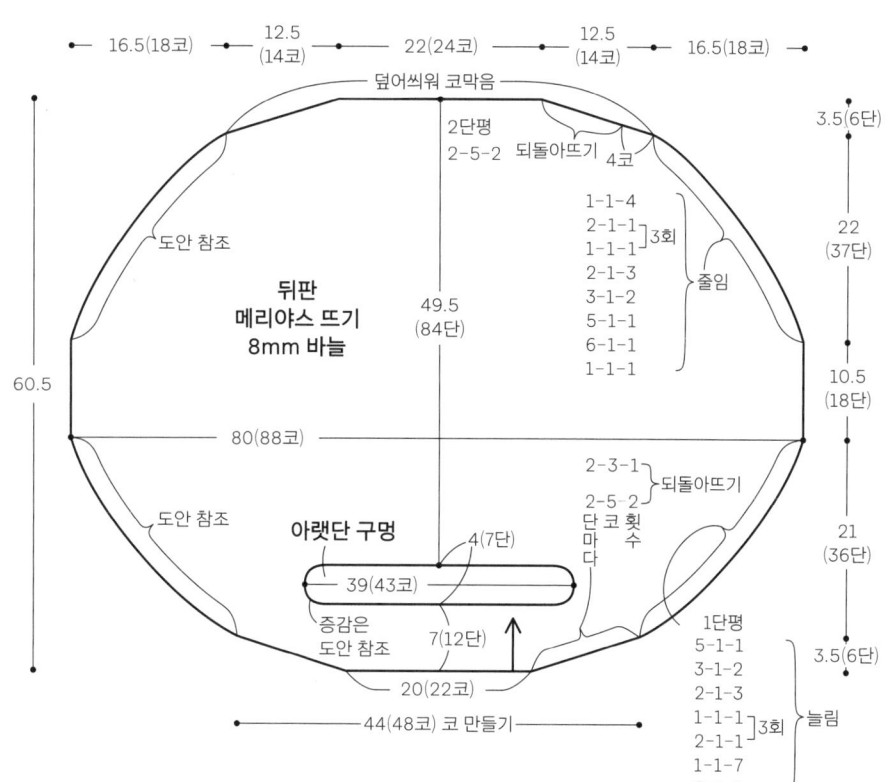

남겨 되돌아뜨기 ※ 콧수, 단수는 작품과 다릅니다

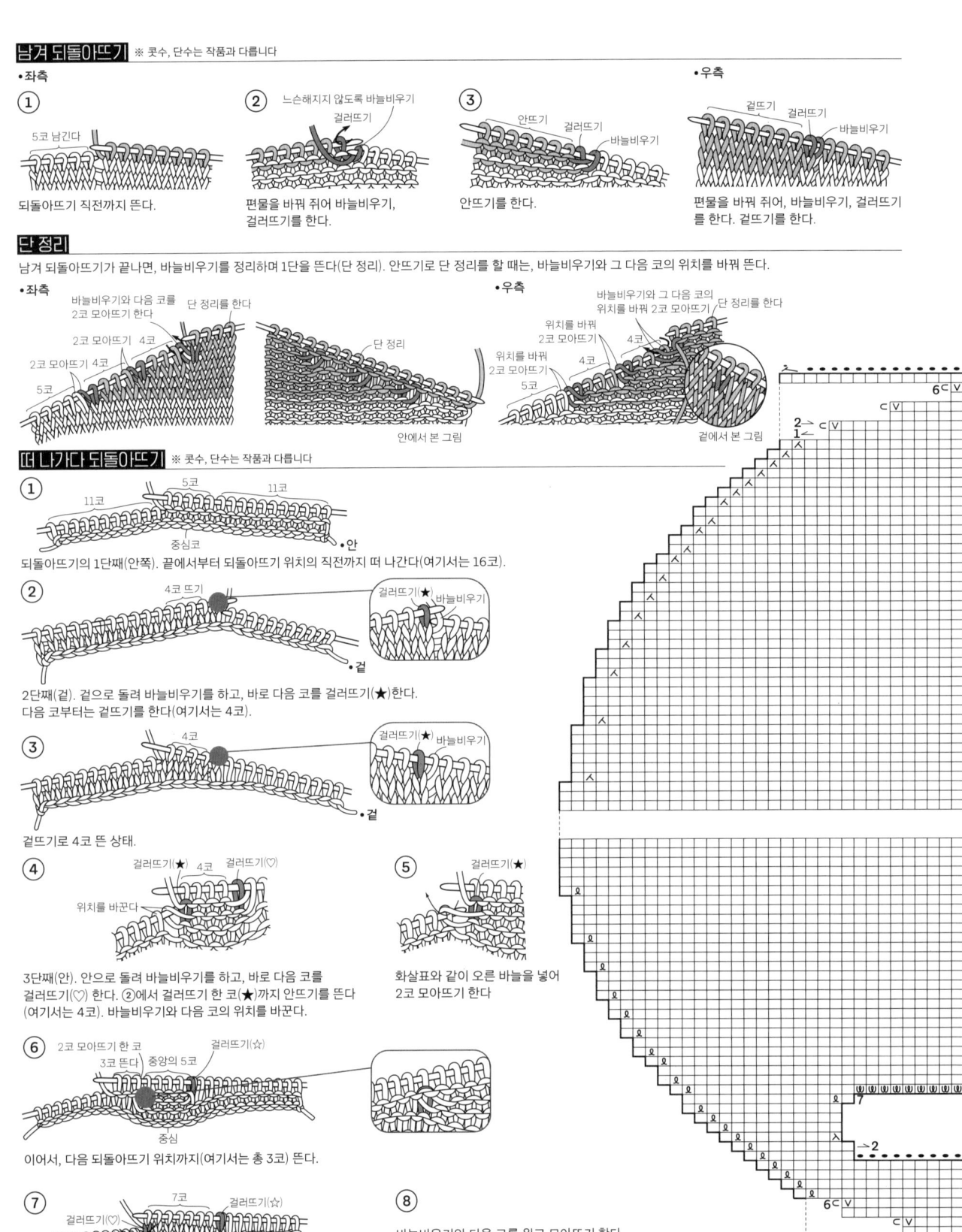

• 좌측

① 5코 남긴다
되돌아뜨기 직전까지 뜬다.

② 느슨해지지 않도록 바늘비우기
걸러뜨기
편물을 바꿔 쥐어 바늘비우기,
걸러뜨기를 한다.

③ 안뜨기 걸러뜨기 바늘비우기
안뜨기를 한다.

• 우측

겉뜨기 걸러뜨기 바늘비우기
편물을 바꿔 쥐어, 바늘비우기, 걸러뜨기
를 한다. 겉뜨기를 한다.

단 정리

남겨 되돌아뜨기가 끝나면, 바늘비우기를 정리하며 1단을 뜬다(단 정리). 안뜨기로 단 정리를 할 때는, 바늘비우기와 그 다음 코의 위치를 바꿔 뜬다.

• 좌측

바늘비우기와 다음 코를
2코 모아뜨기 한다
단 정리를 한다
2코 모아뜨기 4코
2코 모아뜨기 4코
5코

단 정리
안에서 본 그림

• 우측

바늘비우기와 그 다음 코의
위치를 바꿔 2코 모아뜨기
단 정리를 한다
위치를 바꿔
2코 모아뜨기 4코
위치를 바꿔
2코 모아뜨기 4코
5코
겉에서 본 그림

떠 나가다 되돌아뜨기 ※ 콧수, 단수는 작품과 다릅니다

① 11코 5코 11코
중심코 • 안
되돌아뜨기의 1단째(안쪽). 끝에서부터 되돌아뜨기 위치의 직전까지 떠 나간다(여기서는 16코).

② 4코 뜨기
걸러뜨기(★) 바늘비우기
• 겉
2단째(겉). 겉으로 돌려 바늘비우기를 하고, 바로 다음 코를 걸러뜨기(★)한다.
다음 코부터는 겉뜨기를 한다(여기서는 4코).

③ 4코
걸러뜨기(★) 바늘비우기
• 겉
겉뜨기로 4코 뜬 상태.

④ 걸러뜨기(★) 4코 걸러뜨기(♡)
위치를 바꾼다
3단째(안). 안으로 돌려 바늘비우기를 하고, 바로 다음 코를
걸러뜨기(♡) 한다. ②에서 걸러뜨기 한 코(★)까지 안뜨기를 뜬다
(여기서는 4코). 바늘비우기와 다음 코의 위치를 바꾼다.

⑤ 걸러뜨기(★)
화살표와 같이 오른 바늘을 넣어
2코 모아뜨기 한다

⑥ 2코 모아뜨기 한 코 걸러뜨기(☆)
3코 뜨기 중앙의 5코
중심
이어서, 다음 되돌아뜨기 위치까지(여기서는 총 3코) 뜬다.

⑦ 7코 걸러뜨기(☆)
걸러뜨기(♡)
중심
4단째(겉). 겉으로 돌려 바늘비우기를 하고,
바로 다음 코를 걸러뜨기(☆) 하고, ④에서 걸러뜨기한
코(♡)까지 겉뜨기로 뜬다.

⑧ 바늘비우기와 다음 코를 왼코 모아뜨기 한다.
반복한다.

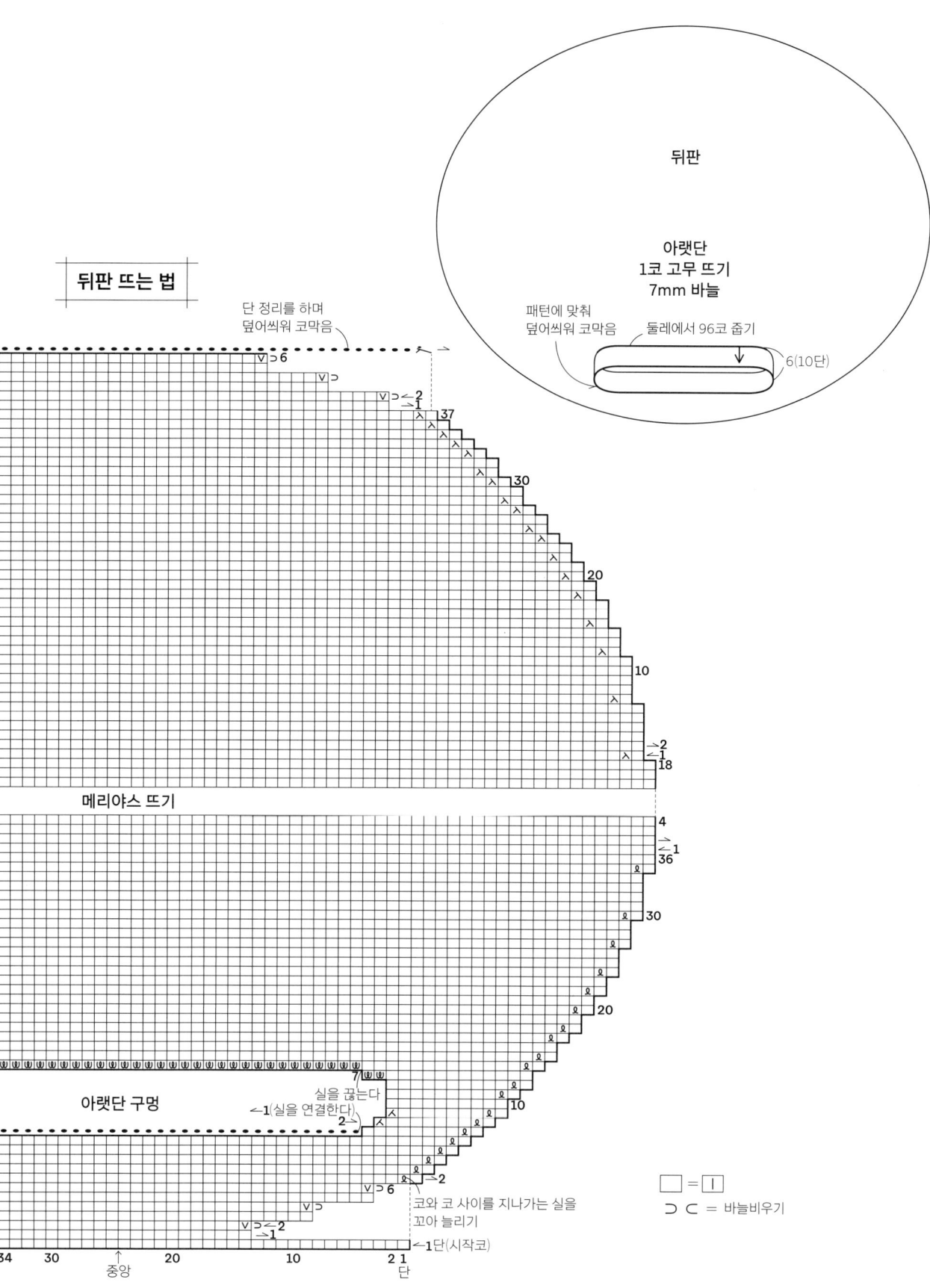

뒤판 뜨는 법

단 정리를 하며
덮어씌워 코막음

V ⊃ 6

V ⊃

V ⊃ 2
→1
ㅅ 37

ㅅ

ㅅ 30

ㅅ 20

ㅅ

ㅅ 10

→2
→1
ㅅ 18

메리야스 뜨기

4
→1
36

30

20

7

실을 끊는다

←1(실을 연결한다)
→2 ㅅ

10

아랫단 구멍

2

V ⊃ 6

코와 코 사이를 지나가는 실을
꼬아 늘리기

V ⊃2
→1

←1단(시작코)

34   30   ↑   20   10   2 1
     중앙   단

뒤판

아랫단
1코 고무 뜨기
7mm 바늘

패턴에 맞춰
덮어씌워 코막음

둘레에서 96코 줍기

6(10단)

□ = ⊡
⊃ ⊂ = 바늘비우기

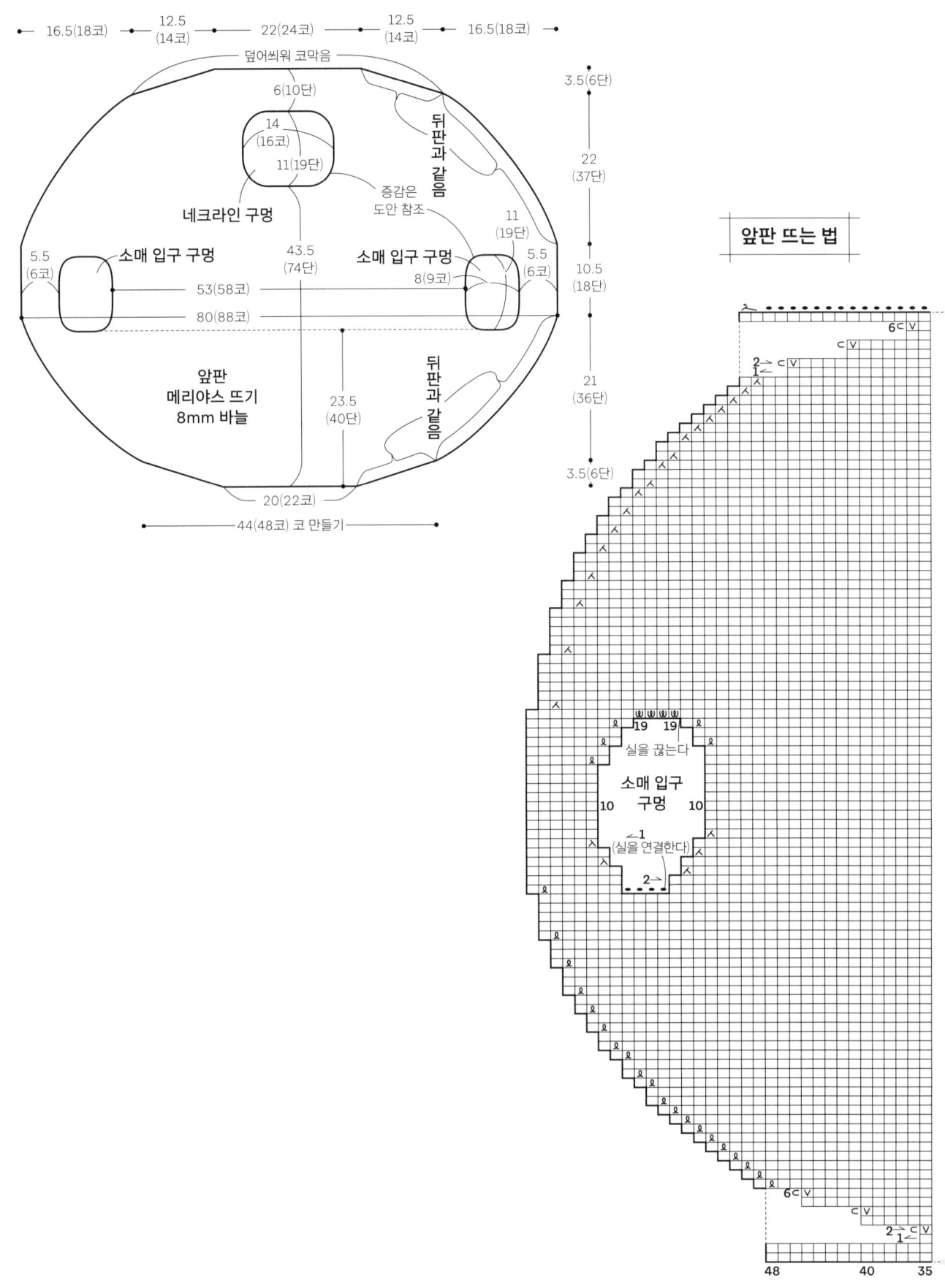

16.5(18코)　12.5(14코)　22(24코)　12.5(14코)　16.5(18코)

덮어씌워 코막음

6(10단)

14(16코)

11(19단)

네크라인 구멍

뒤판과 같음

증감은 도안 참조

11(19단)

3.5(6단)

22(37단)

소매 입구 구멍

5.5(6코)

43.5(74코)

소매 입구 구멍

5.5(6코)

10.5(18단)

53(58코)

8(9코)

80(88코)

앞판 메리야스 뜨기 8mm 바늘

23.5(40단)

뒤판과 같음

21(36단)

3.5(6단)

20(22코)

44(48코) 코 만들기

앞판 뜨는 법

6

2
1

19　19

실을 끊는다

소매 입구 구멍

10　10

1
(실을 연결한다)

2

6

2
1

48　　40　　35

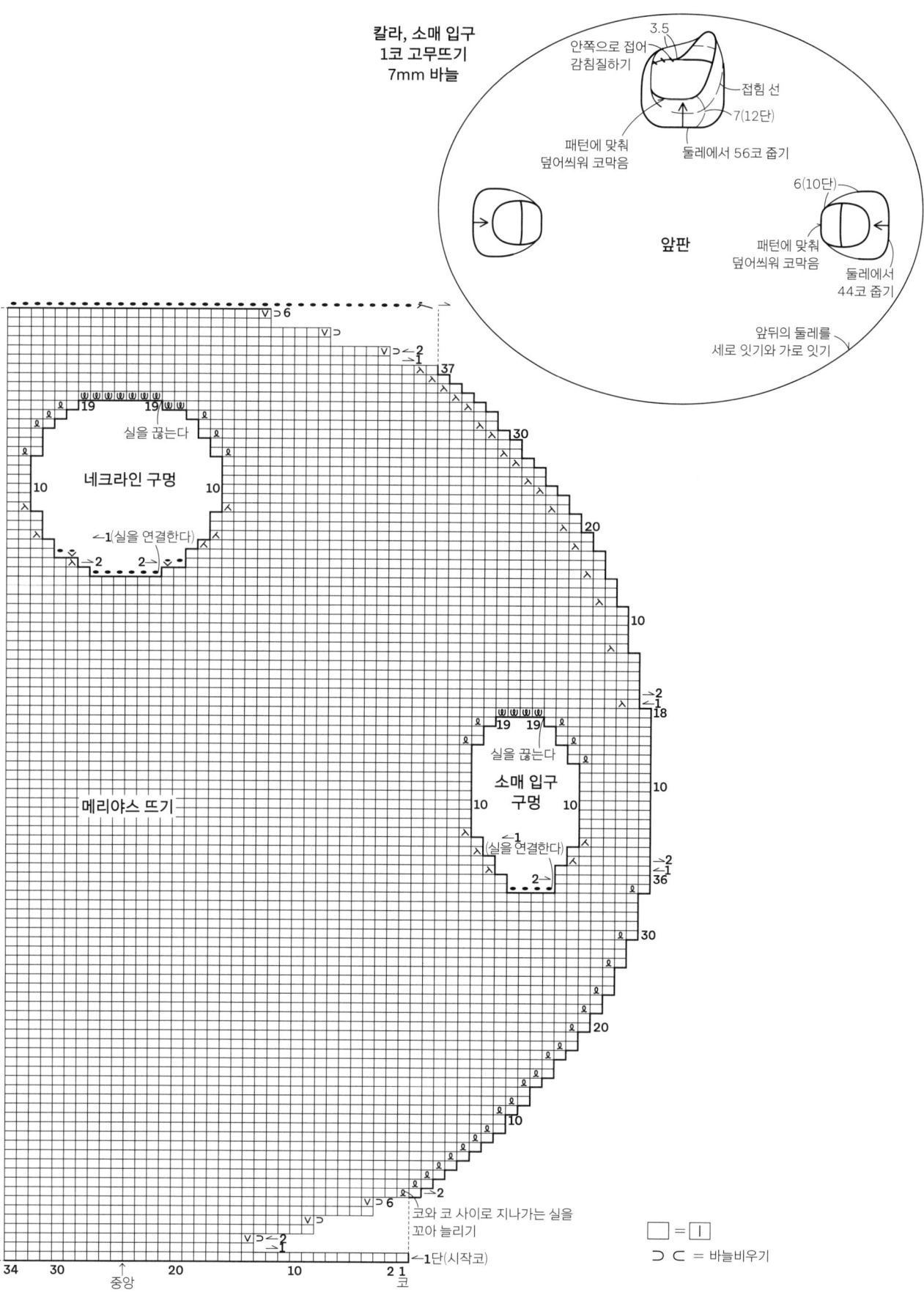

칼라, 소매 입구
1코 고무뜨기
7mm 바늘

3.5

안쪽으로 접어
감침질하기

접힘 선

7(12단)

패턴에 맞춰
덮어씌워 코막음

둘레에서 56코 줍기

앞판

6(10단)

패턴에 맞춰
덮어씌워 코막음

둘레에서
44코 줍기

앞뒤의 둘레를
세로 잇기와 가로 잇기

19   19
실을 끊는다

네크라인 구멍

10   10

←1(실을 연결한다)
2   2

37

30

20

10

메리야스 뜨기

19   19
실을 끊는다

소매 입구
구멍

10   10

←1(실을 연결한다)
2

18

10

10

2
1
36

30

20

10

코와 코 사이로 지나가는 실을
꼬아 늘리기

6
2
1

1단(시작코)

34   30   20   10   2 1
코

중앙

☐ = ☐

⊃⊂ = 바늘비우기

b, c

p.6,8

소시지에 구멍이 뚫린 것 같은, 기묘한 형태의 카디건이에요. 볼레로 같은 뒷모습이 귀엽습니다. 메리야스 뜨기로 플랫하게 뜨면 산뜻하고 말끔한 인상을 주고, 멍석뜨기로 통통하게 뜨면 존재감 있는 한 벌이 됩니다.

(**실**) b : PUPPY / 퀸애니 빨간색(822) 520g
c : PUPPY / 브리티쉬파인 하얀색(1) 200g, PUPPY / 모나루카 하얀색(901) 500g

(**바늘**) b : 3호 장갑바늘 5자루, 5호 줄바늘(40cm)
c : 7mm 줄바늘(40cm), 10mm 장갑바늘 5자루, 12mm 줄바늘(40cm)

(**게이지**) b : 메리야스 뜨기 10cm 사방 22.5코 34단
c : 멍석 뜨기 10cm 사방 9코 16단

(**사이즈**) b : 기장 33cm, 화장 64cm (화장 : 옷의 등솔기에서 소매 끝까지의 길이)
c : 기장 33cm, 화장 64cm

(**뜨는 방법**) b는 실 1가닥으로 c는 2가닥씩 4가닥으로 뜹니다.
몸판은 풀어내는 사슬코로 b는 150코, c는 59코를 만듭니다. 원통으로 b는 메리야스 뜨기, c 는 멍석뜨기로 몸판 구멍을 내가며(왕복뜨기) 뜨고, 마지막 단에서 코를 줄입니다. 바늘을 바꿔 1코 고무뜨기를 첫 단에서 코를 줄이고 마무리는 패턴에 맞춰 뜨면서 덮어씌워 코막음합니다. 사슬코를 풀어내, 도안과 같이 코를 줄여 1코 고무뜨기를 원통으로 뜹니다. b는, 손가락으로 걸어 만드는 코로 10코를 만들어, 3호 바늘로 1코 고무뜨기를 뜹니다. 약 100cm 뜨면, 몸판 구멍에 세로 잇기와 가로 잇기로 붙여가며 단수를 조정합니다(작품은 300단). 마무리는 덮어씌워 코막음 하고, 코 만들기 한 곳과 메리야스 잇기 합니다. c는, 몸판 구멍에서 코를 주워 원통으로 만들어 7mm 바늘로 1코 고무뜨기를 뜹니다. 마무리는 패턴에 맞춰 뜨면서 덮어씌워 코막음 합니다.

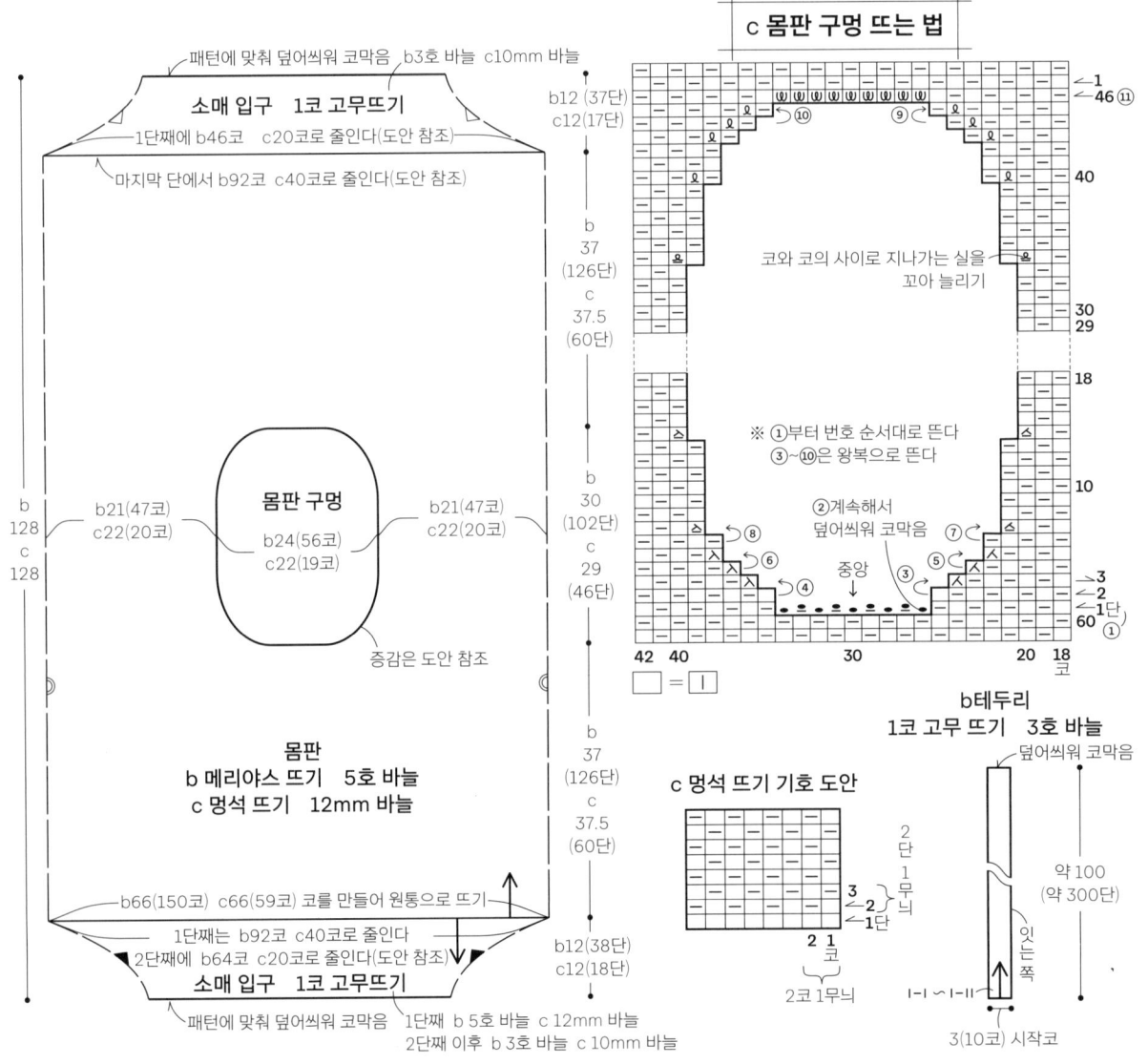

소매 입구 1코 고무뜨기

패턴에 맞춰 덮어씌워 코막음 b3호 바늘 c10mm 바늘

1단째에 b46코 c20코로 줄인다(도안 참조)

마지막 단에서 b92코 c40코로 줄인다(도안 참조)

b21(47코) c22(20코)

몸판 구멍
b24(56코)
c22(19코)

b21(47코) c22(20코)

증감은 도안 참조

몸판
b 메리야스 뜨기 5호 바늘
c 멍석 뜨기 12mm 바늘

b66(150코) c66(59코) 코를 만들어 원통으로 뜨기

1단째는 b92코 c40코로 줄인다

2단째에 b64코 c20코로 줄인다(도안 참조)

소매 입구 1코 고무뜨기

패턴에 맞춰 덮어씌워 코막음 1단째 b 5호 바늘 c 12mm 바늘
2단째 이후 b 3호 바늘 c 10mm 바늘

b128 c128

b12 (37단) c12 (17단)
b37 (126단) c37.5 (60단)
b30 (102단) c29 (46단)
b37 (126단) c37.5 (60단)
b12(38단) c12(18단)

c 몸판 구멍 뜨는 법

코와 코의 사이로 지나가는 실을 꼬아 늘리기

※ ①부터 번호 순서대로 뜬다
③~⑩은 왕복으로 뜬다

②계속해서 덮어씌워 코막음

중앙

□ = □

c 멍석 뜨기 기호 도안

2단 1무늬

2코 1무늬

b테두리
1코 고무 뜨기 3호 바늘

덮어씌워 코막음

약 100
(약 300단)

잇는 쪽

3(10코) 시작코

46

b 몸판 구멍 뜨는 법

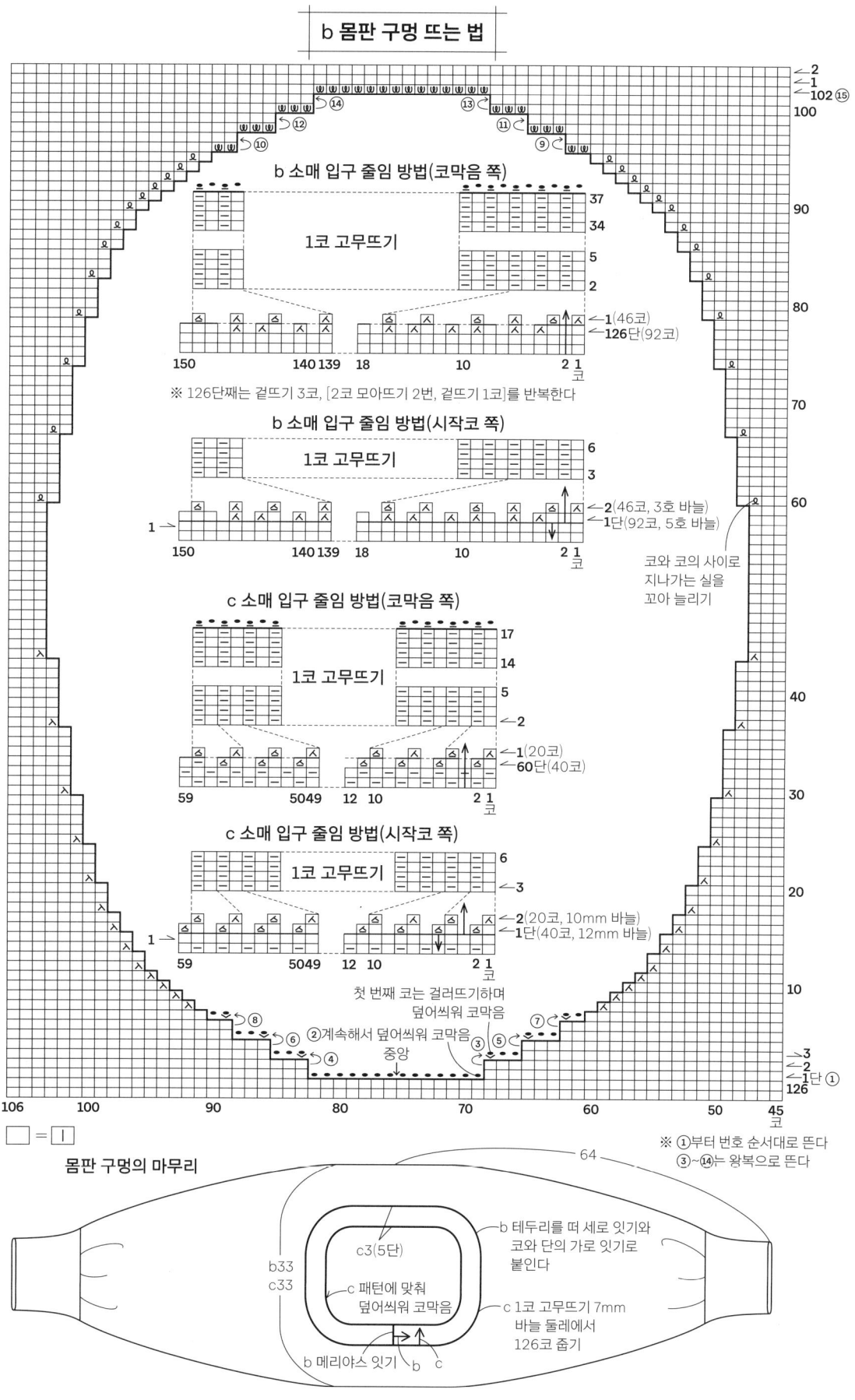

b 소매 입구 줄임 방법(코막음 쪽)

1코 고무뜨기

※ 126단째는 겉뜨기 3코, [2코 모아뜨기 2번, 겉뜨기 1코]를 반복한다

b 소매 입구 줄임 방법(시작코 쪽)

1코 고무뜨기

코와 코의 사이로
지나가는 실을
꼬아 늘리기

c 소매 입구 줄임 방법(코막음 쪽)

1코 고무뜨기

c 소매 입구 줄임 방법(시작코 쪽)

1코 고무뜨기

첫 번째 코는 걸러뜨기하며
덮어씌워 코막음

②계속해서 덮어씌워 코막음
중앙

※ ①부터 번호 순서대로 뜬다
③~⑭는 왕복으로 뜬다

☐ = ☐

몸판 구멍의 마무리

b33
c33

c3(5단)

c 패턴에 맞춰
덮어씌워 코막음

b 메리야스 잇기

64

b 테두리를 떠 세로 잇기와
코와 단의 가로 잇기로
붙인다

c 1코 고무뜨기 7mm
바늘 둘레에서
126코 줍기

d

p.10

동그라미에 칼집을 낸 것 같은 네크라인의 상의입니다. 소매와 네크라인 앞뒤의 트임이 화사함을
자아내는 여성스러운 상의이지요. 여름 실로 뜨면 여름에도 잘 입을 것 같아요.

(**실**) PUPPY /퀸애니 검정색(803) 350g
PUPPY / 뉴 3PLY 하얀색(302) 120g

(**바늘**) 대바늘 11호 2자루, 7mm 줄바늘(60cm) ※줄바늘로 왕복으로 뜬다

(**게이지**) 메리야스 뜨기 10cm 사방 15코 21단

(**사이즈**) 품 77cm, 기장 56.5cm, 화장 32.5cm

(**뜨는 법**) 실은 퀸애니와 뉴 3PLY 각 1가닥씩 2가닥으로 뜹니다.
몸판은 1코 고무뜨기 코 만드는 법으로 72코를 만들어, 11호 바늘로 1코 고무뜨기를 뜹니다. 7mm
바늘로 바꿔 메리야스 뜨기를 양끝을 증감하며 뜨고, 네크라인 트임부터는 좌우 따로 뜹니다. 같은
것을 1장 더 뜹니다. 소매 입구를 남겨두고 겨드랑이를 세로 잇기 하고, 어깨를 메리야스 잇기 합니다.

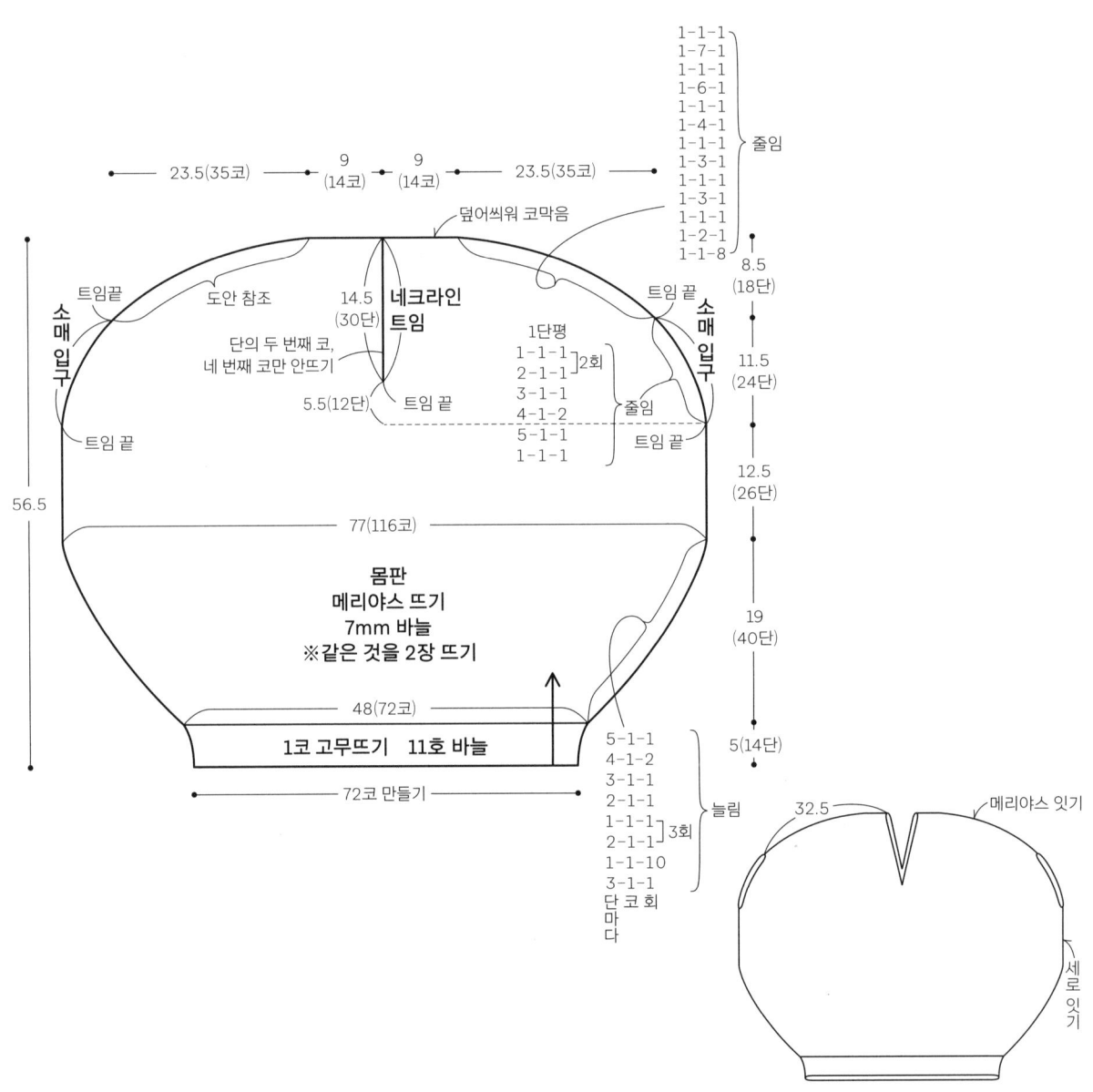

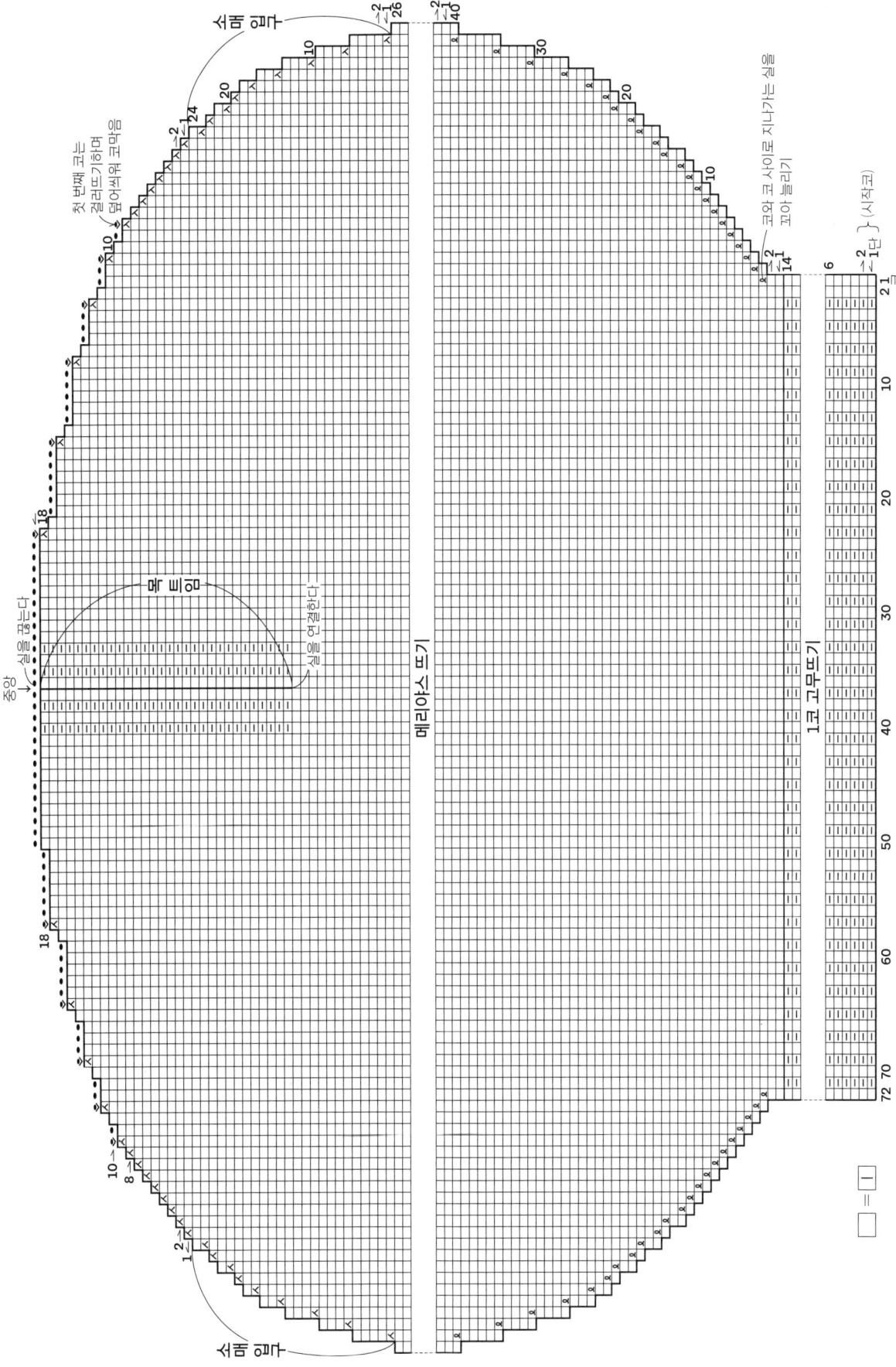

49

e

p.12

마름모꼴로 칼집을 넣은 것 같은 네크라인의 스웨터입니다. 볼륨 있는 소매와 푹신푹신한 모헤어의 어우러짐이 빼어나 여심을 어루만지는 한 벌이죠. 심플한 하의에 가볍게 맞추어 입으면 귀엽습니다.

(**실**)	PUPPY / 유리카모헤어 그레이시핑크 (302) 350g
(**바늘**)	대바늘 5호 2자루, 10mm 줄바늘(60cm) ※줄바늘로 왕복으로 뜬다
(**게이지**)	메리야스 뜨기 10cm 사방 9코 13단
(**사이즈**)	품 47cm, 기장 46.5cm, 화장 60.5cm

(**뜨는 법**) 실은 소매 입구는 1가닥, 그 이외에는 2가닥으로 뜹니다.
몸판은 10mm 바늘 2자루로 1코 고무뜨기의 코 만드는 법으로 42코를 만들어, 앞판 아랫단부터 1코 고무뜨기로 뜹니다. 이어서 앞판을 메리야스 뜨기로 코의 증감 없이 뜨다가 네크라인의 트임을 주고, 뒤판을 이어 뜹니다. 뒤판 아랫단을 1코 고무뜨기로 뜨고 마무리는 패턴에 맞춰 덮어씌워 코막음 합니다. 소매는 겨드랑이에서 106코를 주워, 2단째에 85코로 줄인 뒤 메리야스 뜨기 합니다. 5호 바늘로 바꿔 1가닥으로 1코 고무뜨기 하고, 마무리는 패턴에 맞춰 덮어씌워 코막음 합니다. 겨드랑이, 소매 아래를 세로로 잇기 합니다.

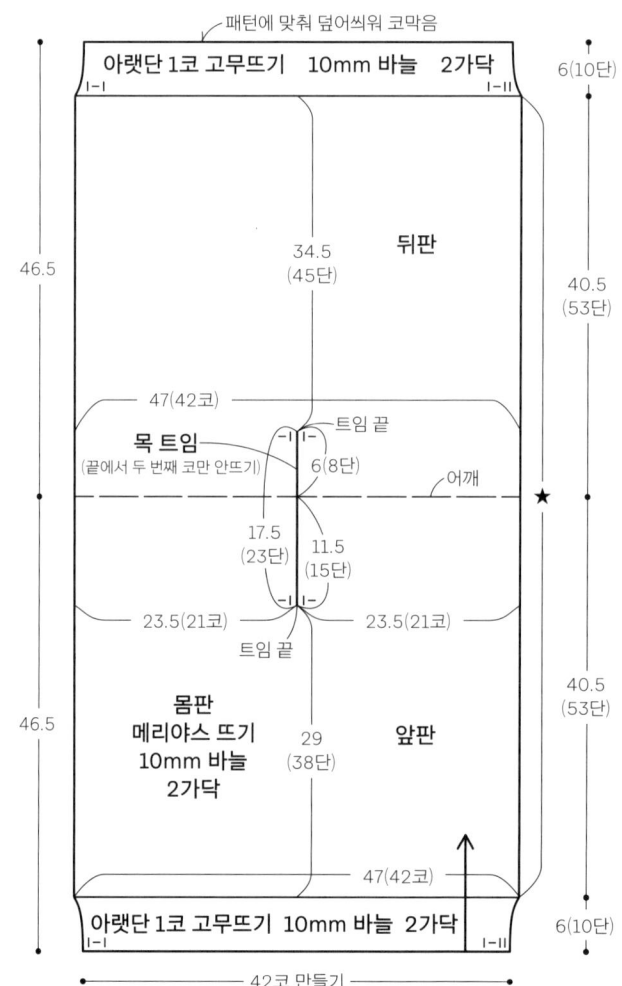

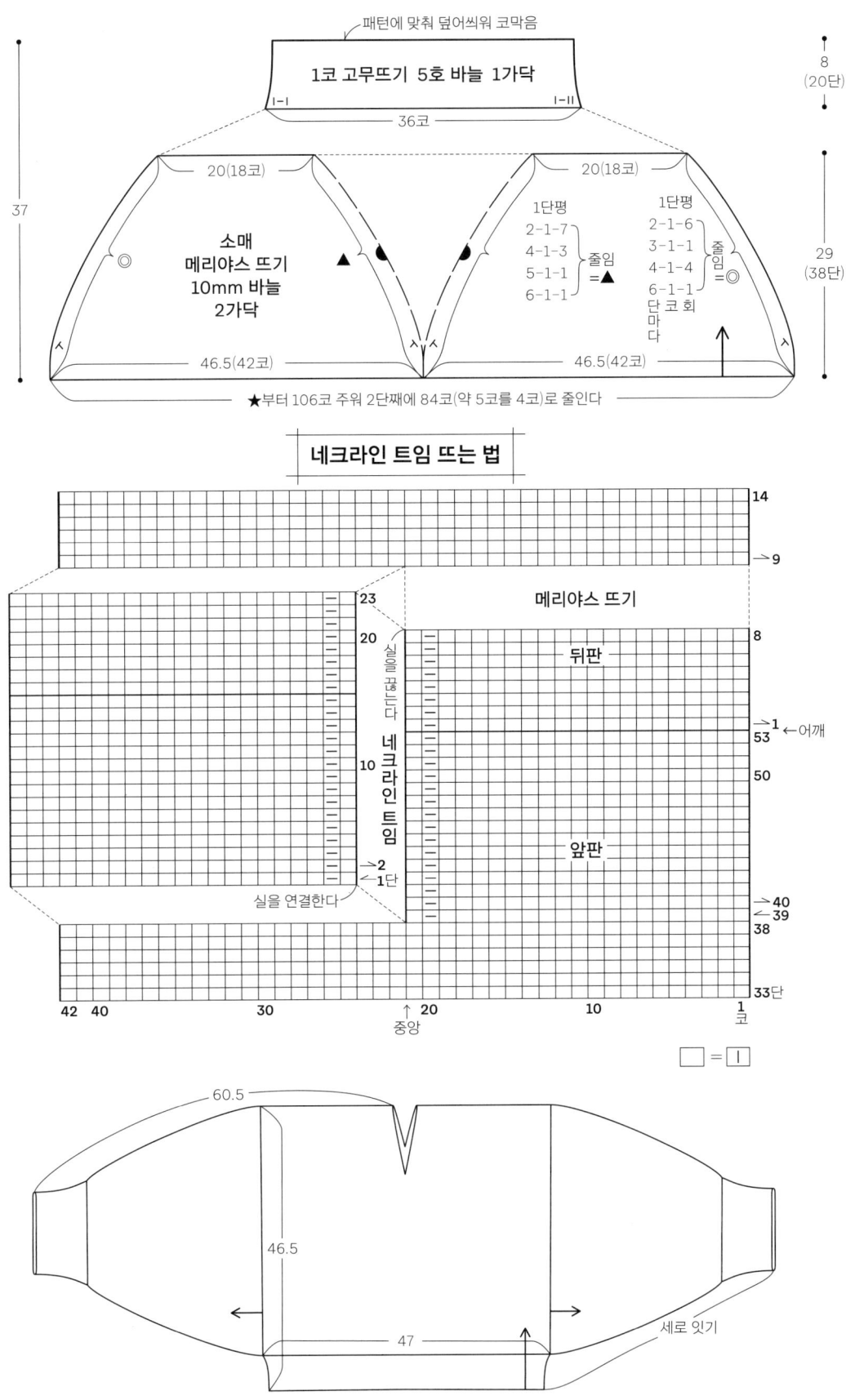

패턴에 맞춰 덮어씌워 코막음

1코 고무뜨기 5호 바늘 1가닥

36코

8
(20단)

20(18코)　　　　　　　　　20(18코)

소매
메리야스 뜨기
10mm 바늘
2가닥

1단평
2-1-7
4-1-3　줄임
5-1-1　=▲
6-1-1

1단평
2-1-6
3-1-1　줄임
4-1-4　=◎
6-1-1
단 코 회
마 다

37

29
(38단)

46.5(42코)　　　　　　　　46.5(42코)

★부터 106코 주워 2단째에 84코(약 5코를 4코)로 줄인다

네크라인 트임 뜨는 법

14

→9

실을 끊는다

23

20

메리야스 뜨기

뒤판

8

네
크
라
인
트
임

10

→1
53 ←어깨

50

앞판

→2
←1단

실을 연결한다

→40
←39
38

42　40　　　30　　↑　20　　　10　　1
중앙　　　　　　　　　　　　　　코

33단

□ = |

60.5

46.5

47

세로 잇기

f

p.14

촉감 좋은 털실로 투박하게 뜬 십자 모양의 니트입니다. 크게 트인 소매 입구로 팔이 들여다보이게 성근데도 세련되어 보이는 디자인입니다. 스타일링에 포인트가 되는 존재감 있는 니트랍니다.

(**실**) WOOL AND THE GANG / FEELING GOOD YARN Silver fox grey 540g
(**바늘**) 15mm 줄바늘(80cm) ※줄바늘로 왕복으로 뜬다
(**게이지**) 메리야스 뜨기 10cm 사방 6코 9단
(**사이즈**) 품 63cm, 기장 50cm, 화장 53cm

(**뜨는 법**) 실은 4가닥으로 뜹니다.
몸판은 1코 고무뜨기의 코 만들기로 38코를 만들어, 1코 고무뜨기를 뜹니다. 이어서 양끝에 콧수의 증감 없이 칼라까지 메리야스 뜨기를 하고, 마무리는 덮어씌워 코막음 합니다. 같은 것을 1장 더 뜹니다. 어깨, 소매 아래를 메리야스 잇기 하고, 겨드랑이, 칼라를 세로 잇기 합니다.

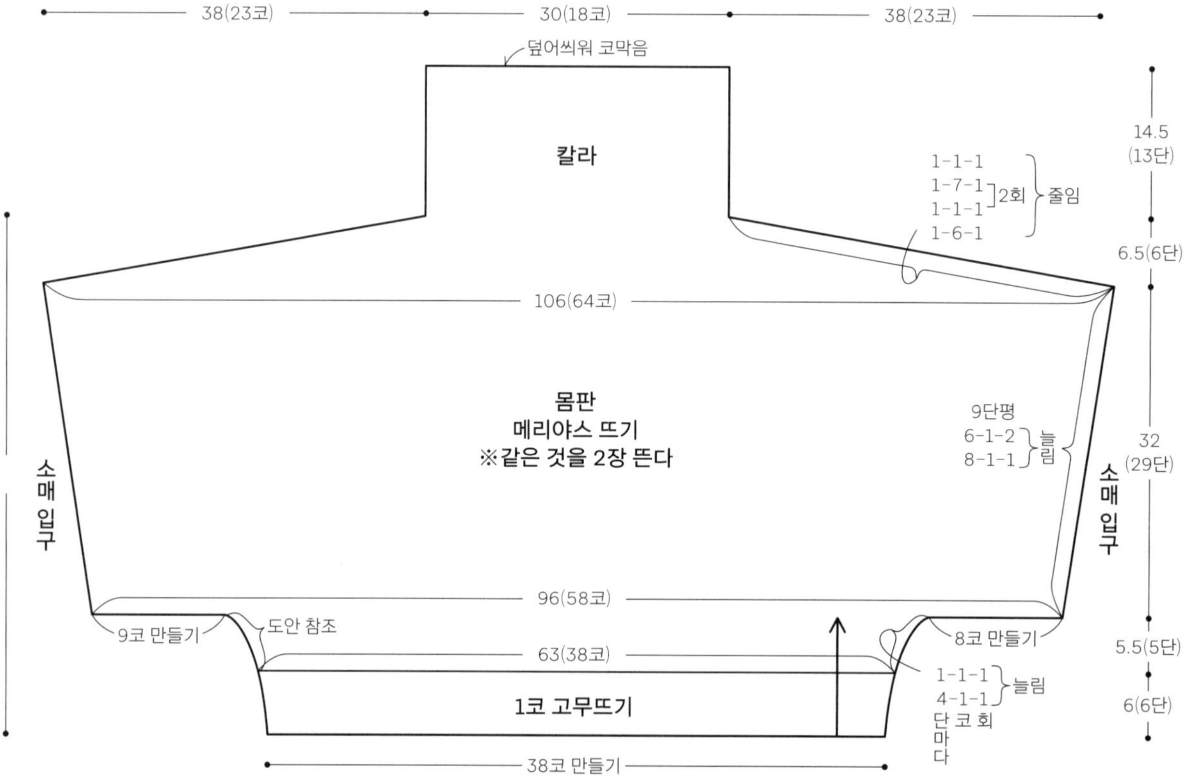

38(23코) ——— 30(18코) ——— 38(23코)

덮어씌워 코막음

칼라

14.5 (13단)

1-1-1
1-7-1 ⌉2회 줄임
1-1-1
1-6-1

6.5(6단)

106(64코)

몸판
메리야스 뜨기
※같은 것을 2장 뜬다

9단평
6-1-2 ⌉늘림
8-1-1

32 (29단)

소매 입구

소매 입구

96(58코)

9코 만들기   도안 참조

63(38코)

8코 만들기

5.5(5단)

1코 고무뜨기

1-1-1 ⌉늘림
4-1-1
단 코 회
마 다

6(6단)

38코 만들기

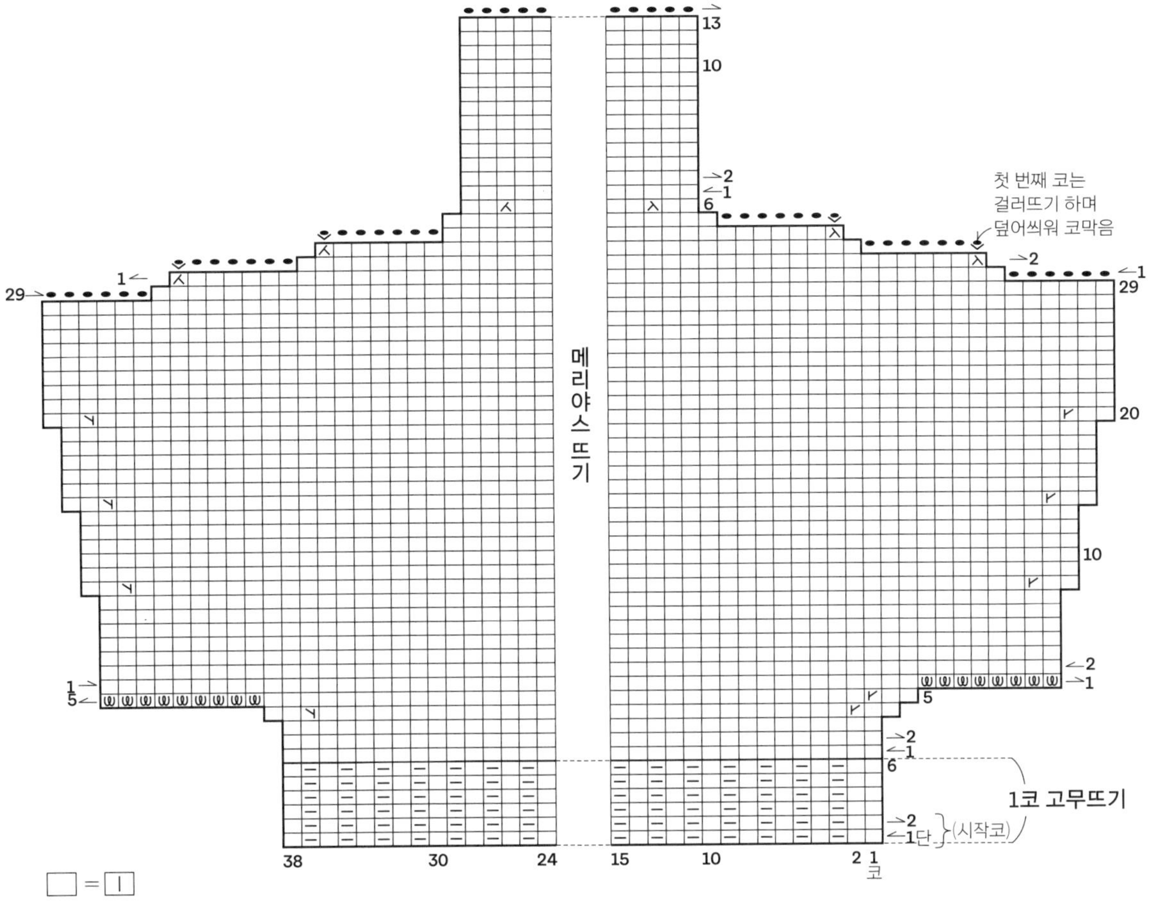

메리야스 뜨기

29→　　1←

첫 번째 코는
걸러뜨기 하며
덮어씌워 코막음

13
10

→2
←1
6

→2
←1
29

20

10

→2
←1
5

1←

1→
5←

→2
←1
6

1코 고무뜨기

→2
←1
1단 (시작코)

38　　30　　24　　15　　10　　2 1코

□ = | |

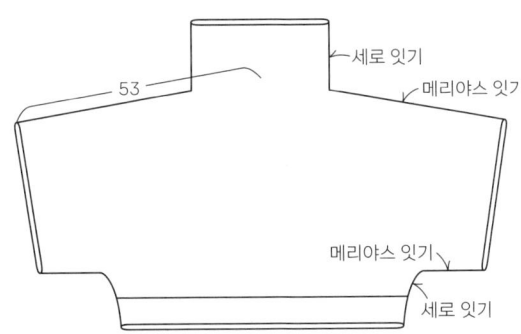

53

←세로 잇기
메리야스 잇기
메리야스 잇기
세로 잇기

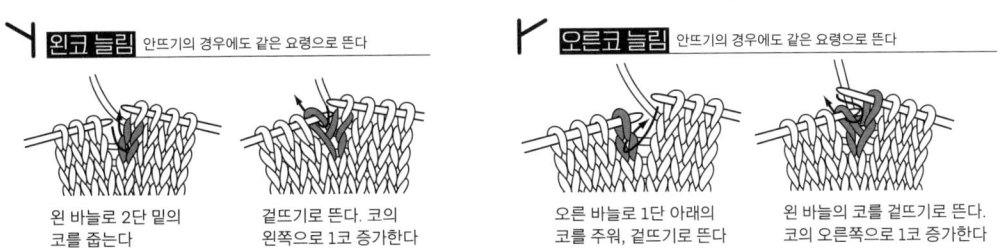

Y 왼코 늘림 안뜨기의 경우에도 같은 요령으로 뜬다

왼 바늘로 2단 밑의
코를 줍는다

겉뜨기로 뜬다. 코의
왼쪽으로 1코 증가한다

Y 오른코 늘림 안뜨기의 경우에도 같은 요령으로 뜬다

오른 바늘로 1단 아래의
코를 주워, 겉뜨기로 뜬다

왼 바늘의 코를 겉뜨기로 뜬다.
코의 오른쪽으로 1코 증가한다

g

p.18

소매가 특이한 방향으로 난 네모난 모양의 스웨터예요. 몸판이 뒤틀려 재미있는 실루엣이 연출됩니다. 보트넥이어서 쨍한 색을 사용해도 어른스럽게 완성돼요.

(**실**) 리치모어 / 퍼센트 라이트그린 (109) 430g
(**바늘**) 5호 줄바늘 (80cm) ※줄바늘로 왕복으로 뜬다
(**게이지**) 메리야스 뜨기 10cm 사방 20코 29단
(**사이즈**) 품 74cm, 기장 59cm

(**뜨는 법**) 실은 1가닥으로 뜹니다.
몸판은 손가락에 실을 걸어 만드는 방법으로 216코를 만들어, 오른쪽 겨드랑이부터 메리야스 뜨기로 뜹니다. 네크라인과 왼쪽 진동 둘레를 트며 왼쪽 겨드랑이까지 떠 덮어씌워 코막음 합니다. 오른쪽 소매는 코 만든 곳에서 코를 줍고 왼쪽 소매는 왼쪽 진동 둘레에서 코를 주워 메리야스 뜨기와 1코 고무뜨기로 뜨고, 마무리는 패턴에 맞춰 덮어씌워 코막음 합니다. 아랫단 트임을 남겨둔 채, 아랫단과 소매 아래를 세로로 잇기 하고, 겨드랑이를 메리야스 잇기 합니다. 아랫단 트임에서 코를 주워 원통으로 만들어 1코 고무뜨기를 뜨고 패턴에 맞춰 덮어씌워 코막음 합니다.

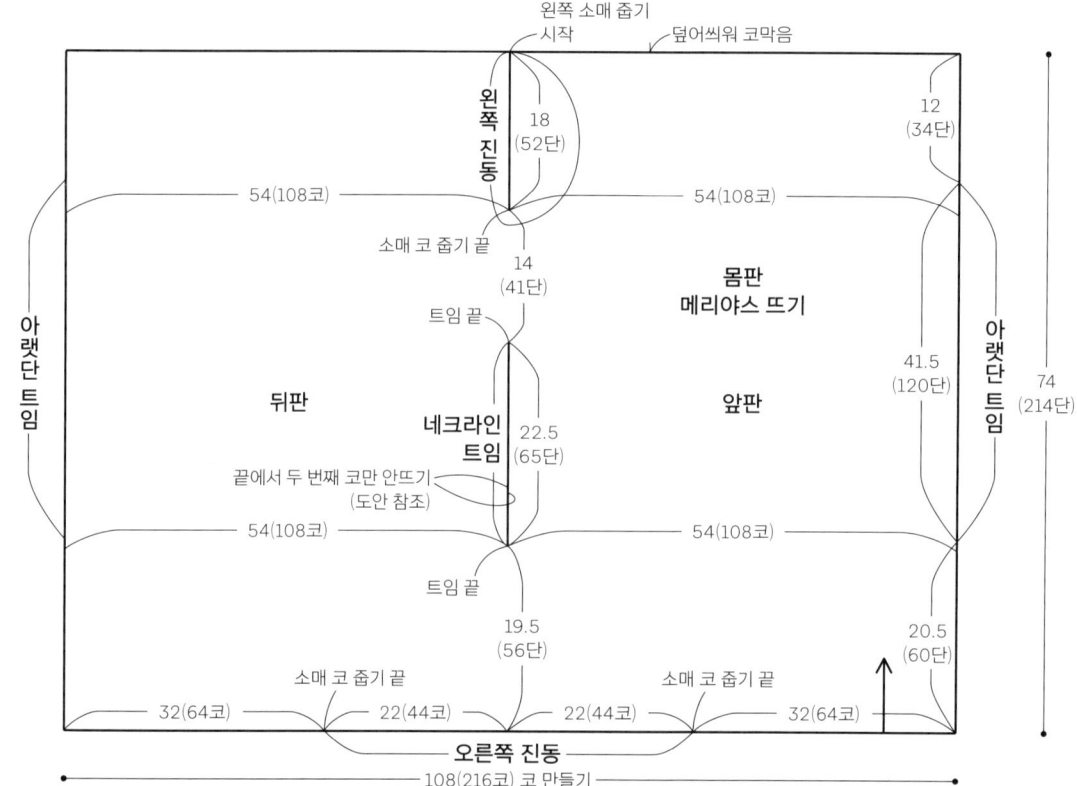

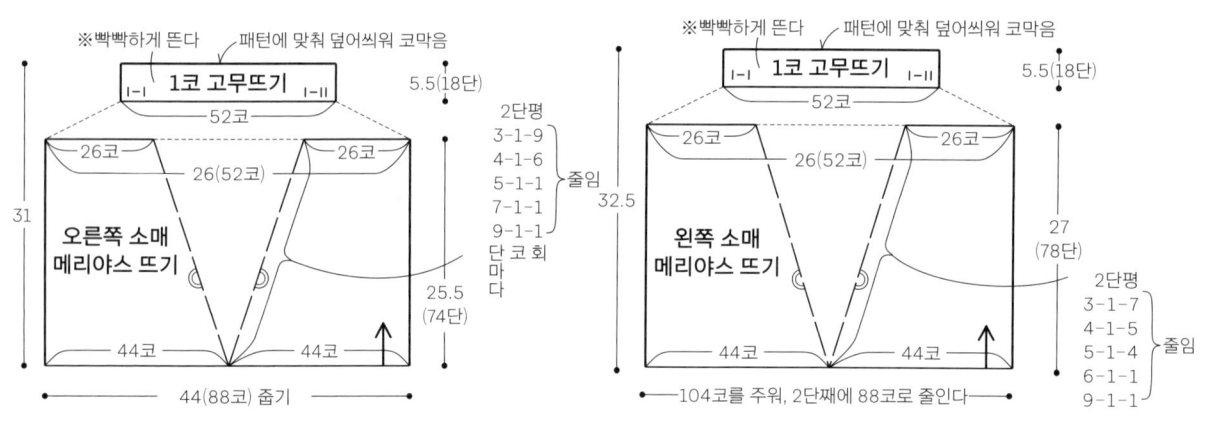

네크라인 트임 뜨는 법

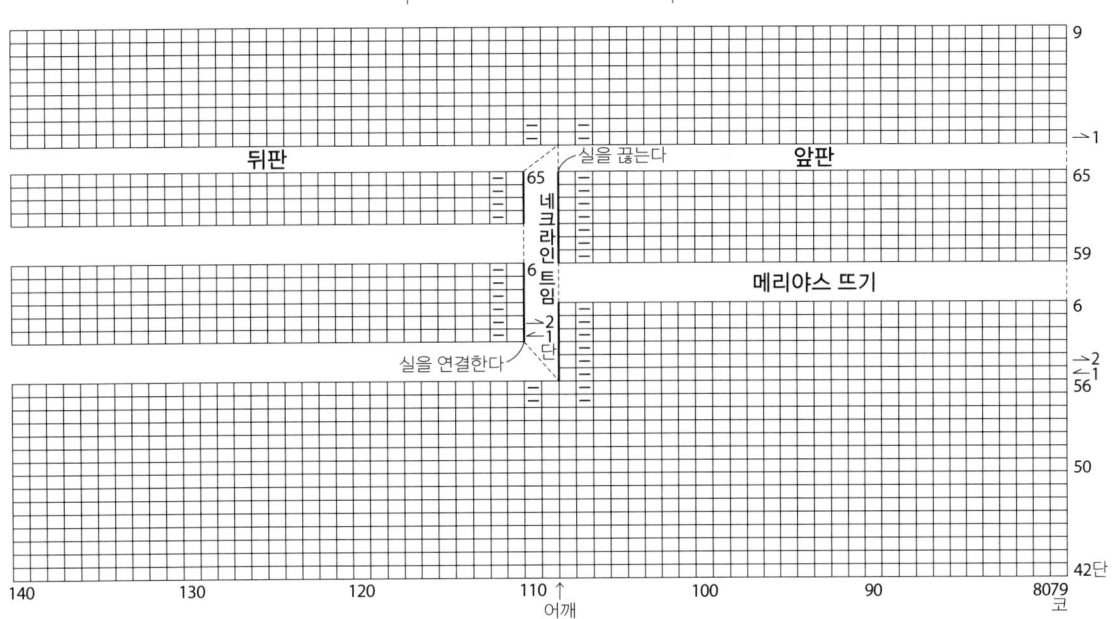

뒤판

앞판

65

59

메리야스 뜨기

65
네크라인트임

실을 끊는다

6

2
1
단

실을 연결한다

9

→1

65

59

6

→2
→1
56

50

42단

140   130   120   110 ↑   100   90   8079
어깨   코

□ = |

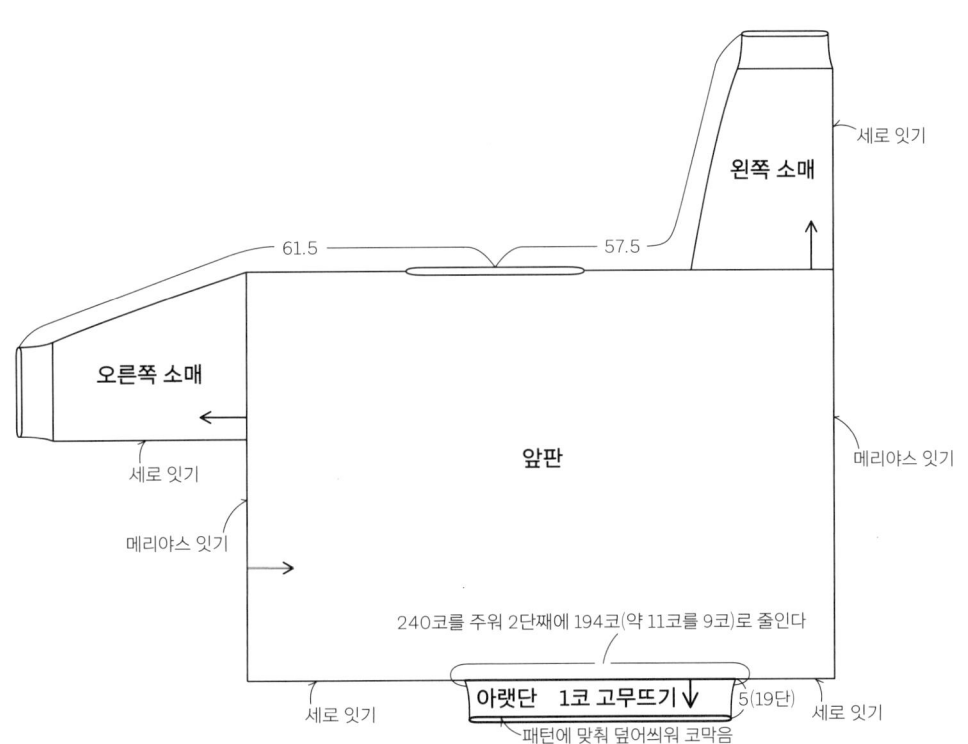

왼쪽 소매

세로 잇기

61.5   57.5

오른쪽 소매

세로 잇기

메리야스 잇기

앞판

메리야스 잇기

세로 잇기

240코를 주워 2단째에 194코(약 11코를 9코)로 줄인다

아랫단 1코 고무뜨기 ↓

5(19단)

세로 잇기

패턴에 맞춰 덮어씌워 코막음

h

p.20

커다란 원형의 롱 스웨터입니다. 통이 좁은 바지나 타이트한 스커트 등 콤팩트한 하의와 같이 입는 것을 추천해요. 모헤어와 합사하여 보들보들 귀여움이 느껴지는 편물입니다.

(**실**) 리치모어 / 퍼센트 블루(43) 570g
리치모어 / 엑설런트모헤어 〈카운트10〉 블루 (90) 160g

(**바늘**) 10호 줄바늘 (60cm) ※줄바늘로 왕복으로 뜬다

(**게이지**) 영국 고무뜨기 10cm 사방 16.5코 35단

(**사이즈**) 품 89cm, 기장 81.5cm, 화장 41cm

(**뜨는 법**) 실은 퍼센트, 엑설런트모헤어 〈카운트10〉 각 1가닥씩 2가닥으로 뜹니다.
몸판은 손가락에 실을 걸어 만드는 방법으로 105코를 만들어, 영국 고무뜨기로, 양 겨드랑이에서 되돌아뜨기와 콧수를 증감하면서 뜨고, 마무리는 덮어씌워 코막음 합니다. 같은 것을 한 장 더 만듭니다. 아랫단, 소매 입구, 네크라인을 남겨두고, 겨드랑이를 세로 잇기 하고 어깨를 메리야스 잇기 합니다.

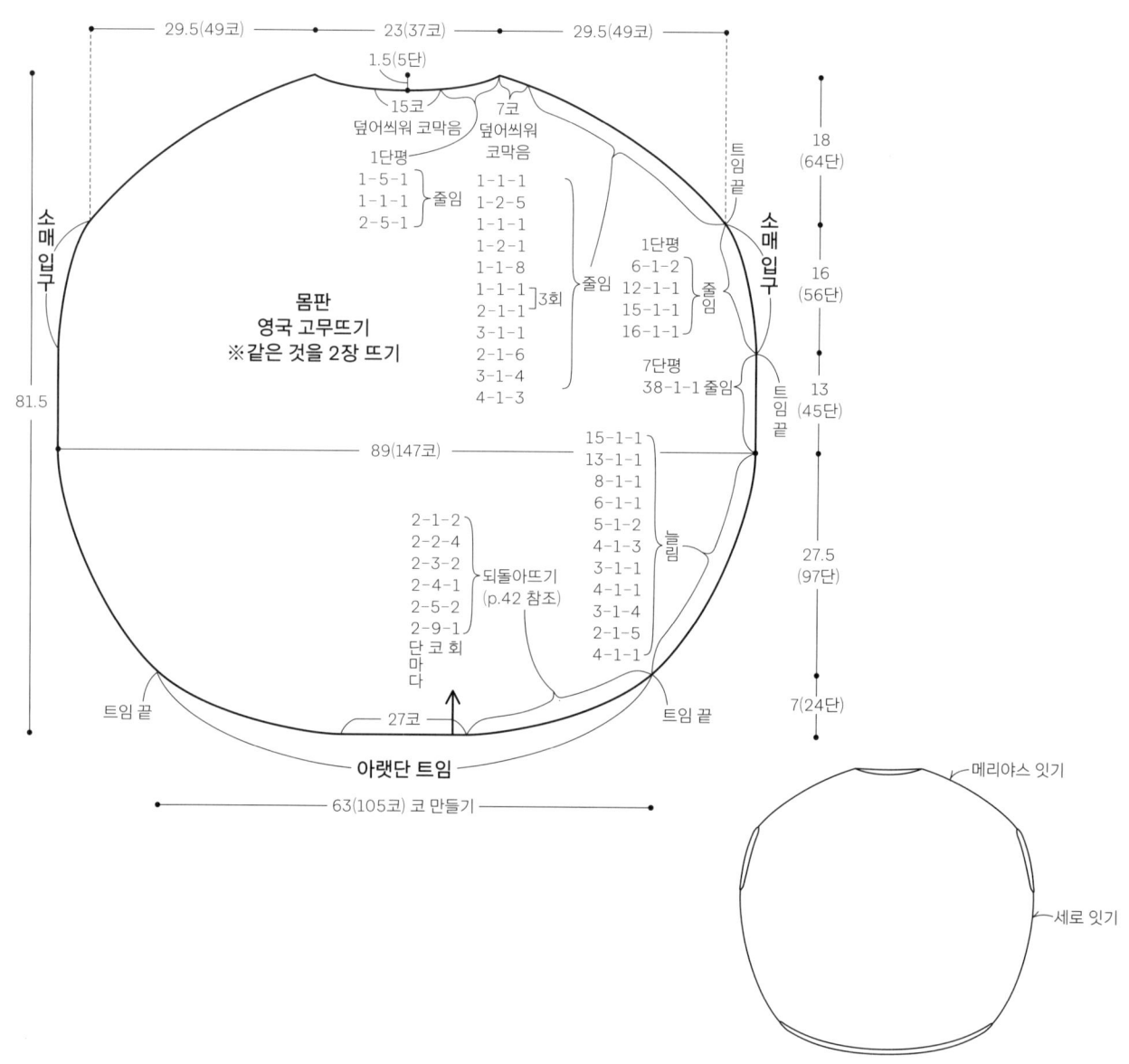

p.59, 60에 계속

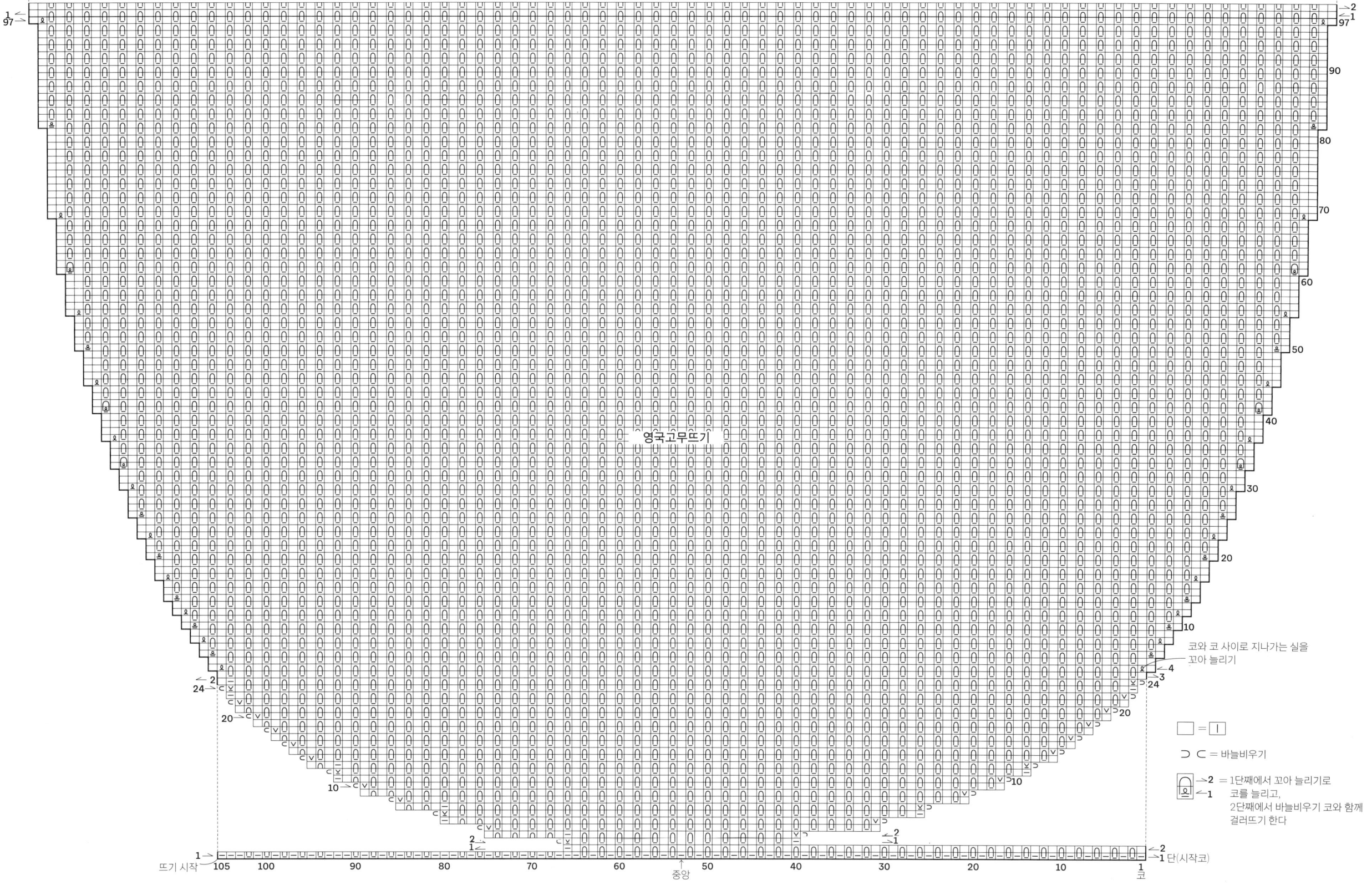

영국고무뜨기

코와 코 사이로 지나가는 실을
꼬아 늘리기

□ = □

⊃ ⊂ = 바늘비우기

⌂ ←2 = 1단째에서 꼬아 늘리기로
  ←1   코를 늘리고,
       2단째에서 바늘비우기 코와 함께
       걸러뜨기 한다

뜨기 시작 105   100   90   80   70   60   중앙 50   40   30   20   10   1 코

1 단(시작코)

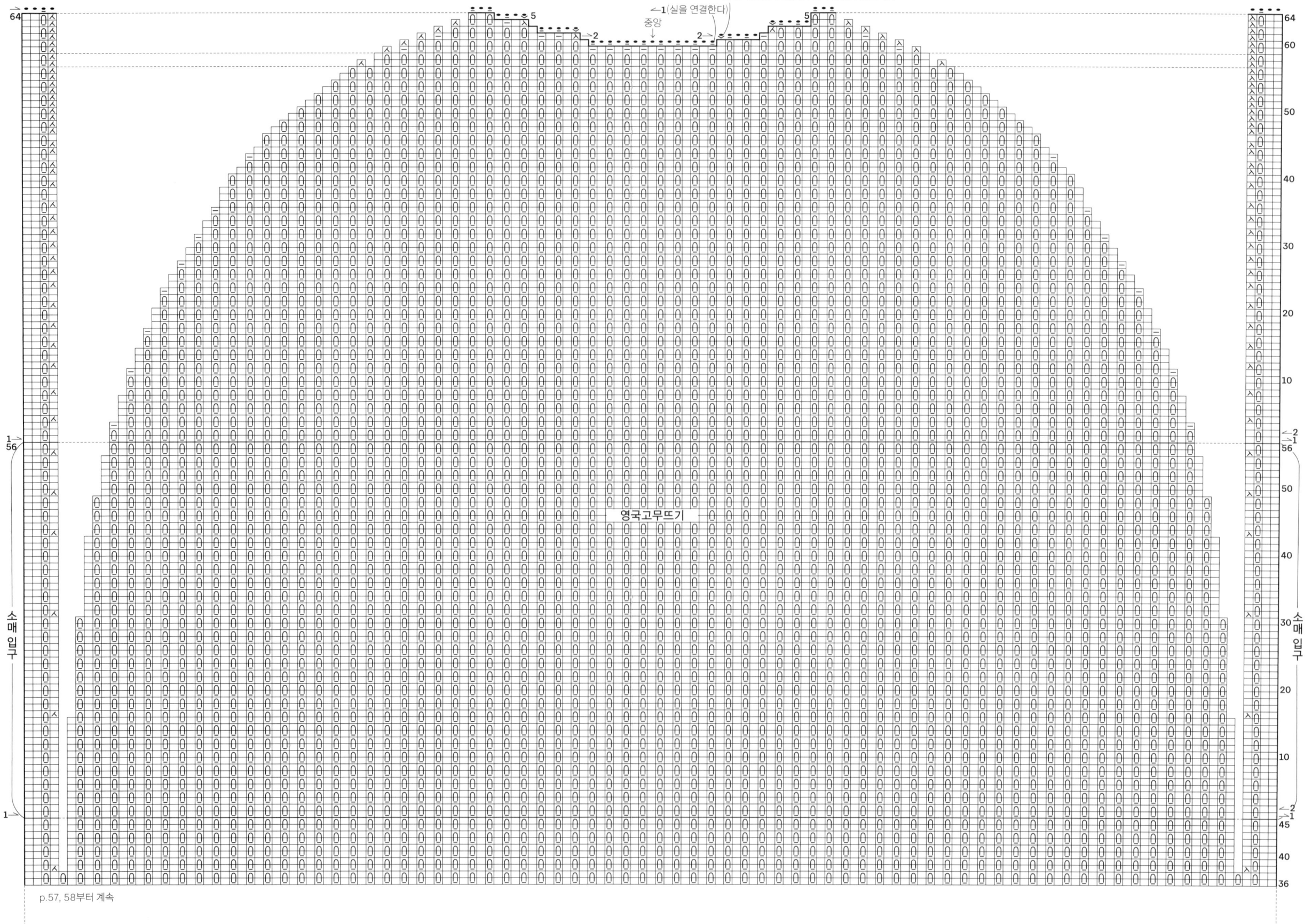

첫 번째 코는 걸러뜨기 하며 덮어씌워 코막음

←1(실을 연결한다)

중앙

영국고무뜨기

소매 입구

소매 입구

p.57, 58부터 계속

59   60

j

p.22

아랫단을 네모낳게 펼친 스웨터입니다. 브리티시 얀과 합사하여 약간 탄성을 더해준 편물이 포인트예요. 움직일 때 아랫단의 모양이 익살스러워요.

(**실**) PUPPY / 브리티시파인 검정색 (8) 260g, PUPPY / 뉴 3PLY 네이비 (327) 210g
(**바늘**) 대바늘 6호 2자루
(**게이지**) 메리야스 뜨기 사방 10cm 20코 27단
(**사이즈**) 기장 51cm, 화장 70cm

(**뜨는 법**) 실은 브리티시파인과 뉴 3PLY 각 1가닥씩 2가닥으로 뜹니다.
몸판은 손가락으로 실을 걸어 만드는 방법으로 48코를 만들어 가터뜨기를 4단 뜹니다. 이어 겨드랑이부터 아랫단 쪽 4코는 1코 고무뜨기, 그 외에는 메리야스 뜨기로 뜹니다. 다른 쪽의 겨드랑이까지 콧수를 증감하며 뜨고 가터뜨기를 3단 뜬 뒤 마무리는 덮어씌워 코막음 합니다. 같은 것을 한 장 더 뜹니다. 어깨를 세로 잇기 합니다. 소매는 진동둘레에서 코를 주워, 메리야스 뜨기와 1코 고무뜨기로 뜨고, 마무리는 패턴에 맞춰 덮어씌워 코막음 합니다. 소매 아래와 겨드랑이 윗부분을 세로 잇기 합니다.

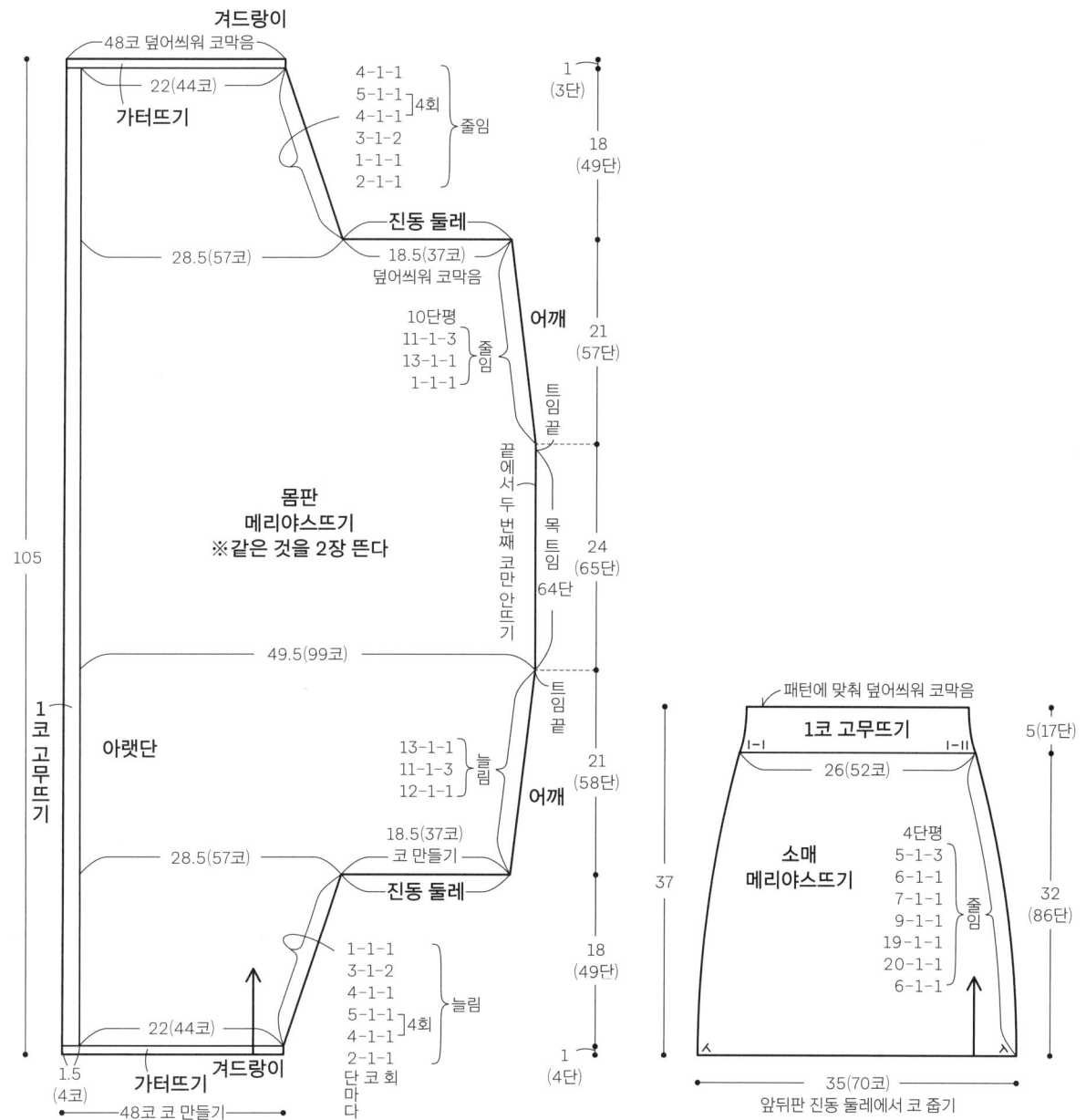

몸판 뜨는 법

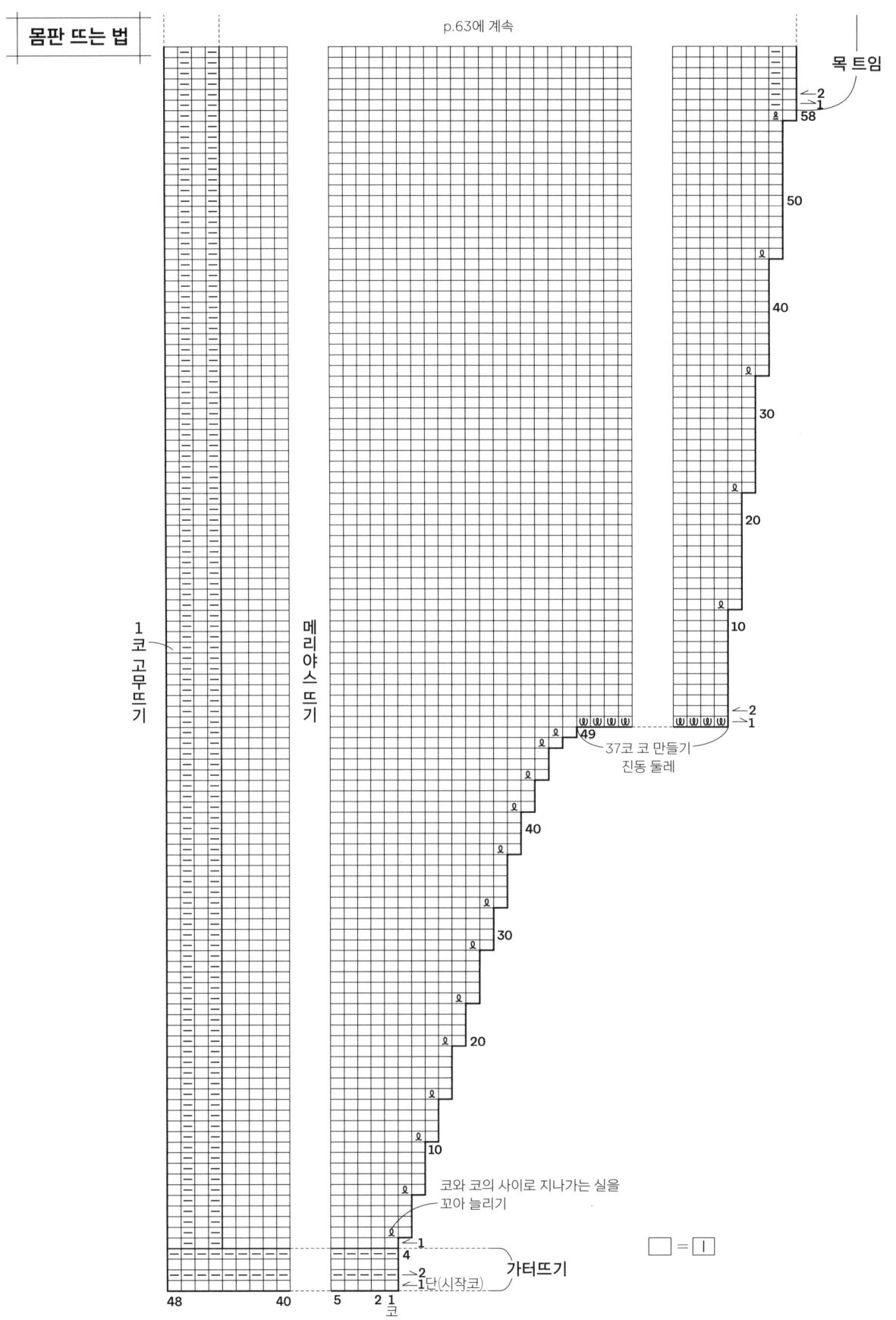

p.63에 계속

목 트임

←2
←1
58

50

40

30

20

10

←2
←1

37코 코 만들기
진동 둘레

1코 고무뜨기

메리야스 뜨기

49

←2
←1

40

30

20

10

코와 코의 사이로 지나가는 실을
꼬아 늘리기

1

4

가터뜨기

←2
←1단(시작코)

☐ = Ⅰ

48   40   5 2 1
코

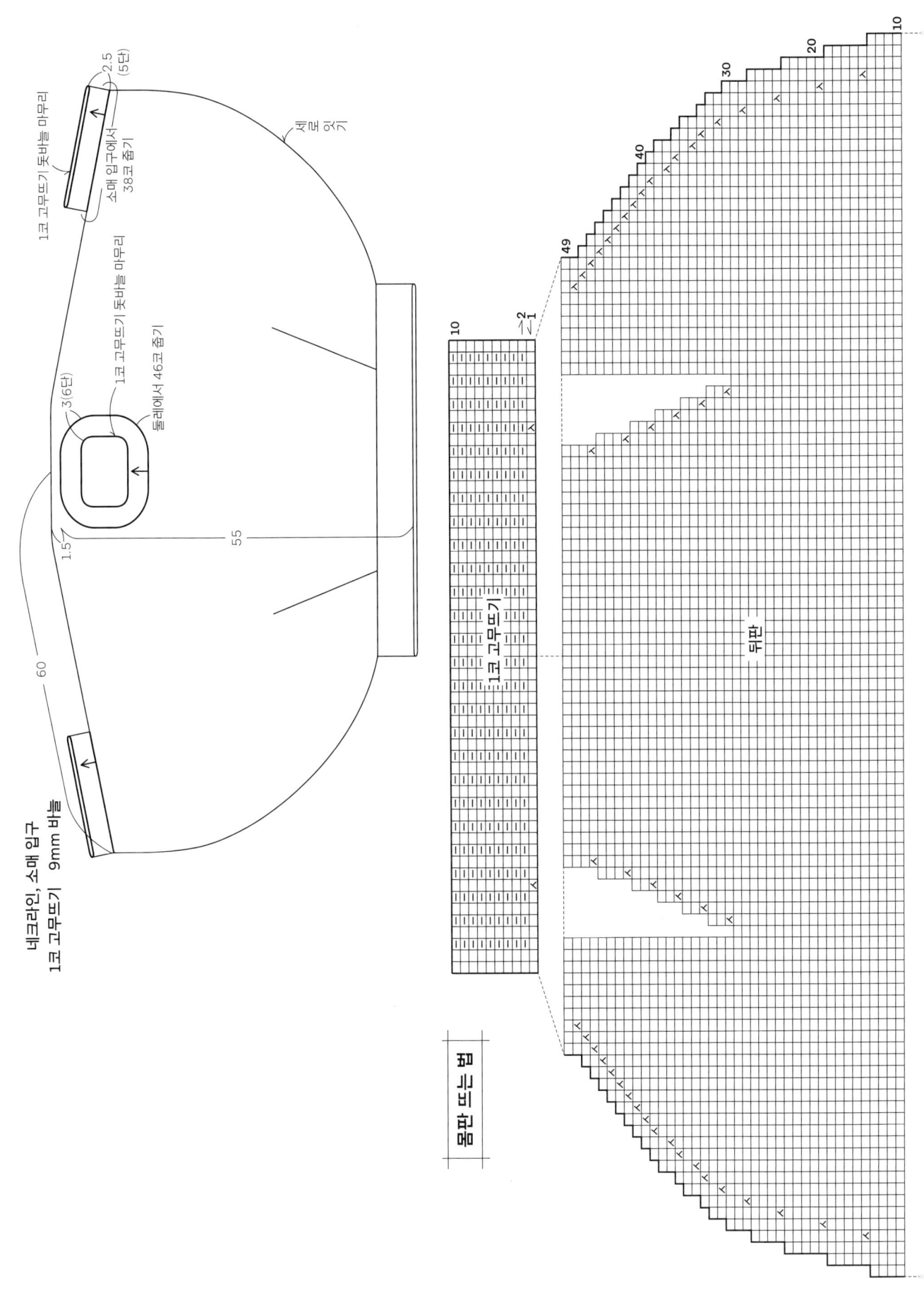

네크라인, 소매 입구
1코 고무뜨기 9mm 바늘

2.5
(5단)

1코 고무뜨기 돗바늘 마무리

소매 입구에서
38코 줍기

세로로 잇기

3(6단)

1코 고무뜨기 돗바늘 마무리

둘레에서 46코 줍기

1.5

55

60

10

1코 고무뜨기

1코 고무뜨기

2
1

10

20

30

40

49

뒤판

몸판 뜨는 법

i

p.21

재미있는 위치에 소매가 붙은, 만세 모양의 니트입니다. 소매 아래에 잔뜩 부푼 볼륨감이 움직임에 따라 변해 재미있는 실루엣이 연출돼요. 굵직한 손뜨개 게이지가 귀여운 포인트입니다.

(**실**) Rico design / Essentials super super chunky Himbeere (031) 550g
(**바늘**) 9mm 대바늘 5자루, 10mm 줄바늘(80cm) ※줄바늘로 왕복으로 뜬다
(**게이지**) 메리야스 뜨기 10cm 사방 9코 13.5단
(**사이즈**) 품 120cm, 기장 53cm, 화장 60cm

(**뜨는 방법**) 실은 1가닥으로 뜹니다.
몸판은 1코 고무뜨기의 코 만드는 법으로 52코를 만들어, 앞 아랫단부터 9mm 바늘로 1코 고무뜨기를 뜹니다. 10mm 바늘로 바꿔, 앞판을 메리야스 뜨기로 네크라인 구멍을 내가며 뜨고, 소매 입구를 덮어씌워 코막음과 코 만들기로 터줍니다. 이어 뒤판까지 떠, 9mm 바늘로 바꿔 뒤 아랫단을 1코 고무뜨기로 뜨고, 마무리는 1코 고무뜨기 돗바늘 마무리를 합니다. 옆 선은 세로 잇기 합니다. 소매 입구는 9mm 바늘로 코를 주워 원통으로 만들어, 1코 고무뜨기를 뜨고, 마무리는 1코 고무뜨기 돗바늘 마무리를 합니다.

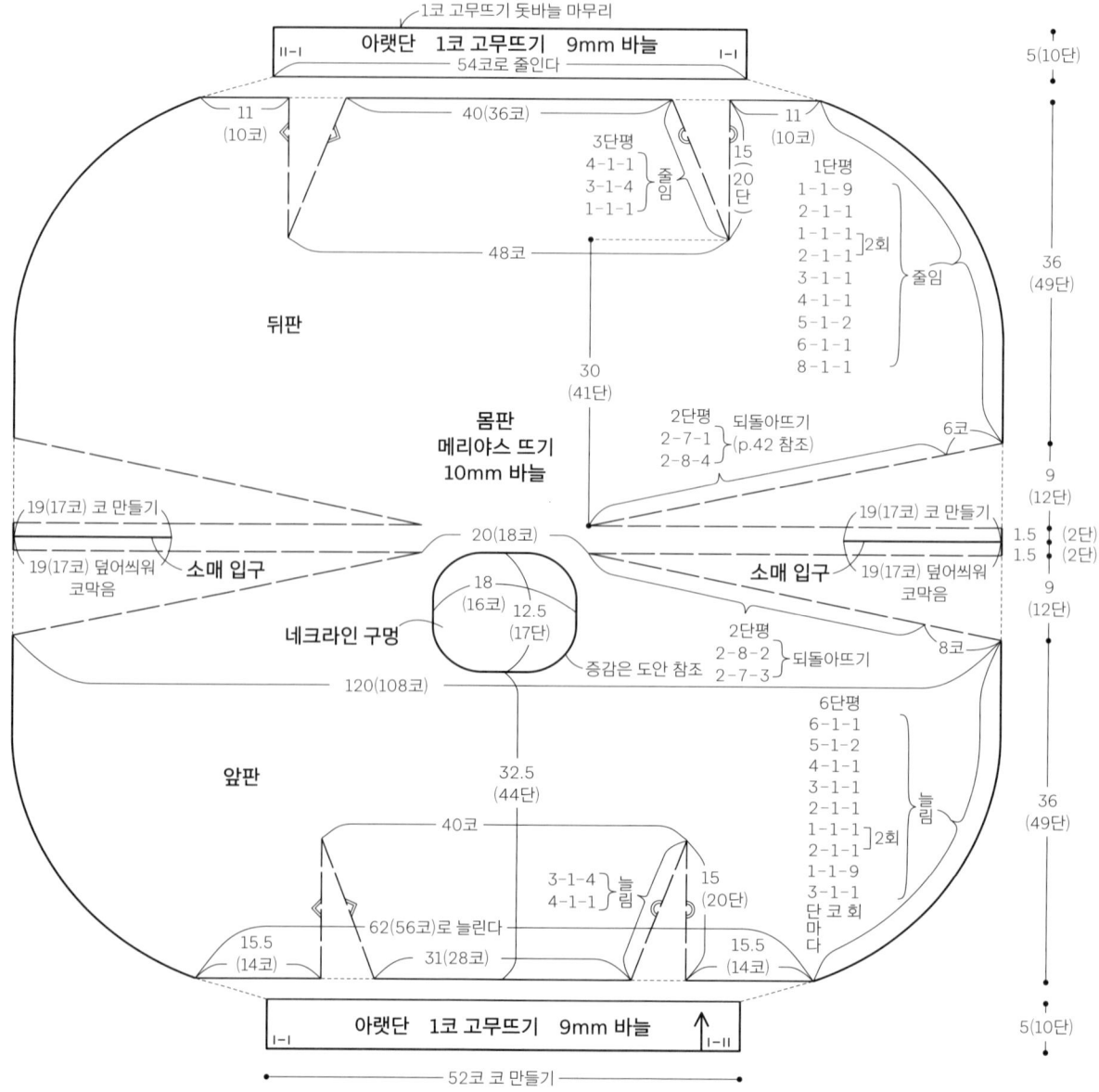

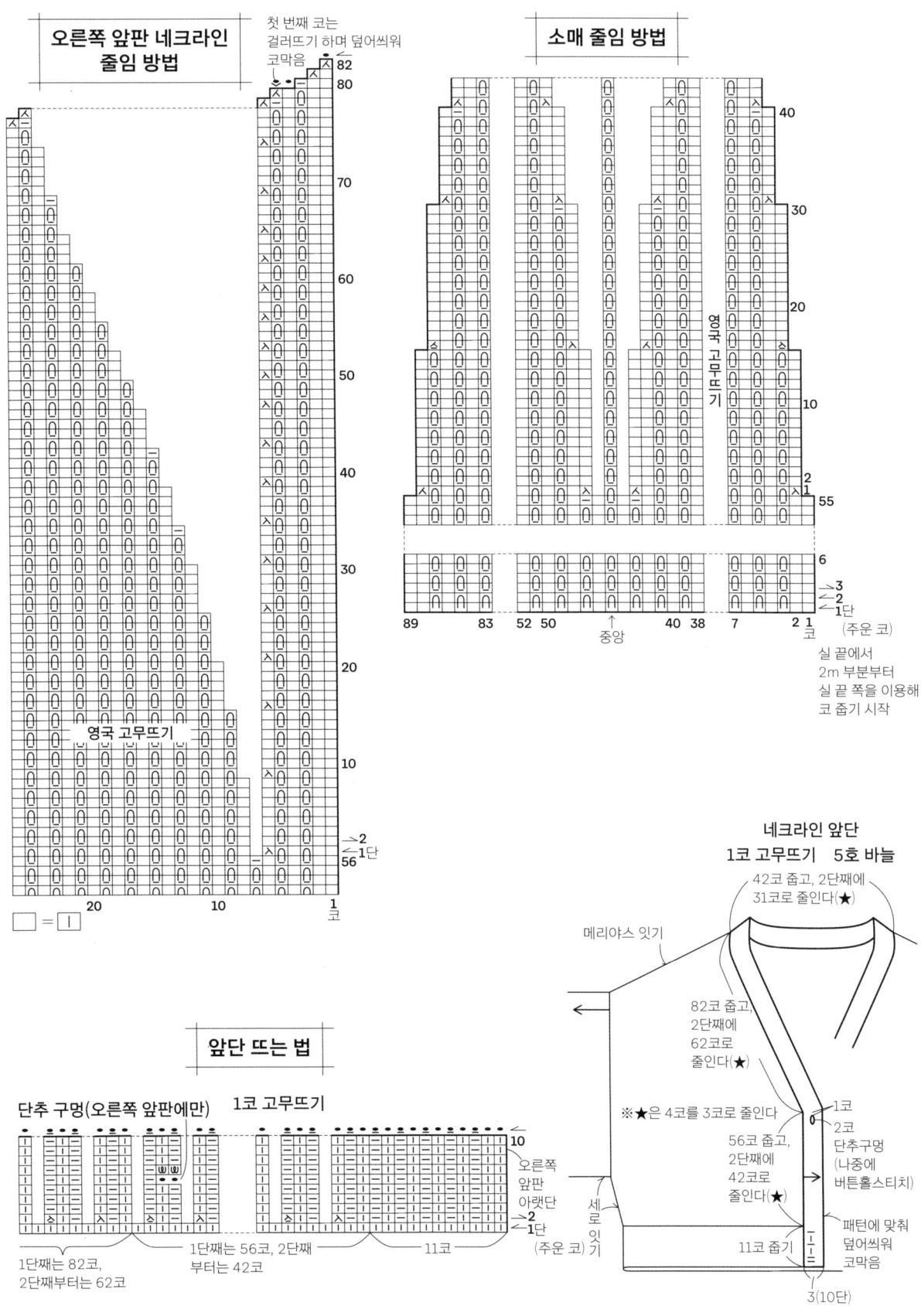

오른쪽 앞판 네크라인 줄임 방법

첫 번째 코는
걸러뜨기 하며 덮어씌워
코막음

영국 고무뜨기

□ = □

소매 줄임 방법

영국 고무뜨기

89 83 52 50 ↑ 40 38 7 2 1코
중앙

(주운 코)
실 끝에서
2m 부분부터
실 끝 쪽을 이용해
코 줍기 시작

앞단 뜨는 법

단추 구멍(오른쪽 앞판에만)   1코 고무뜨기

오른쪽
앞판
아랫단
←2
←1단
(주운 코)

1단째는 82코,
2단째부터는 62코

1단째는 56코, 2단째
부터는 42코

11코

네크라인 앞단
1코 고무뜨기   5호 바늘

42코 줍고, 2단째에
31코로 줄인다(★)

메리야스 잇기

82코 줍고,
2단째에
62코로
줄인다(★)

1코
2코
단추구멍
(나중에
버튼홀스티치)

※★은 4코를 3코로 줄인다

56코 줍고,
2단째에
42코로
줄인다(★)

세
로
잇
기

패턴에 맞춰
덮어씌워
코막음

11코 줍기

3(10단)

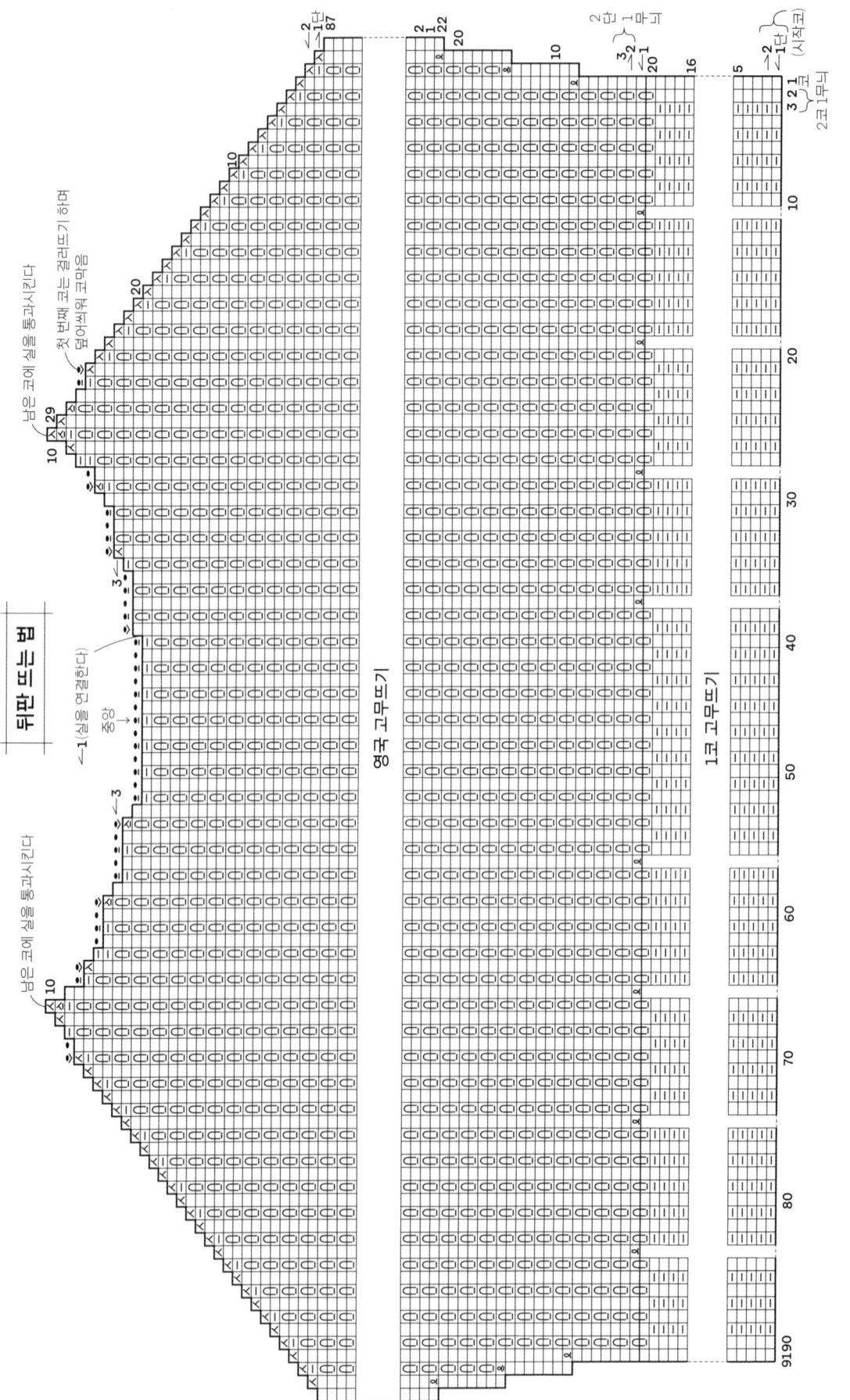

뒤판 뜨는 법

남은 코에 실을 통과시킨다

첫 번째 코는 걸러뜨기 하며
옮여서워 코막음

남은 코에 실을 통과시킨다

영국 고무뜨기

1코 고무뜨기

□ = □

k

p.24

작은 팔각형에 볼륨 있는 소매가 붙은 짧은 길이의 카디건입니다. 풍성한 바지나 멜빵바지와 맞춰 입으면 귀여워요. 폭신폭신한 모헤어로 가볍게, 솜사탕같이 마무리 해주세요.

(**실**)	Rico design / Essentials super kid mohair loves silk Pastellgelb (033) 230g
(**바늘**)	5호, 8호 줄바늘 (60cm) ※줄바늘로 왕복으로 뜬다
(**게이지**)	영국 고무뜨기(브리오시) 10cm 사방 18코 34단
(**사이즈**)	뒷품 58cm, 기장 46cm, 화장 72.5cm
(**그 외**)	직경 1.9cm의 단추 1개

(**뜨는 방법**) 실은 2가닥으로 뜹니다.

앞뒤 몸판은 1코 고무뜨기의 코 만드는 법으로 시작해, 5호 바늘로 아랫단부터 1코 고무뜨기를 20단 뜹니다. 8호 바늘로 바꿔, 영국 고무뜨기로 콧수를 증감하면서 뜹니다. 어깨를 메리야스 잇기 합니다. 소매는 진동 둘레에서 코를 주워 (실 끝에서 200cm 부분부터 실 끝 쪽을 이용해 줍기 시작), 2단째는 줄바늘의 오른쪽 바늘의 바늘 끝을 당겨 왼 바늘로 만들어, 다시 겉면을 보며 영국 고무뜨기로 뜹니다. 5호 바늘로 바꿔 1코 고무뜨기를 뜨고, 패턴에 맞춰 덮어씌워 코막음 합니다. 겨드랑이, 소매 아래를 세로로 잇기 합니다. 네크라인의 앞단은 코를 주워 2단째에 지정된 콧수로 줍니다. 1코 고무뜨기로 오른쪽 앞에 단추 구멍을 만들며 뜨고, 마무리는 패턴에 맞춰 덮어씌워 코막음 합니다. 단추 구멍에 버튼홀스티치를 넣어 단추를 붙입니다.

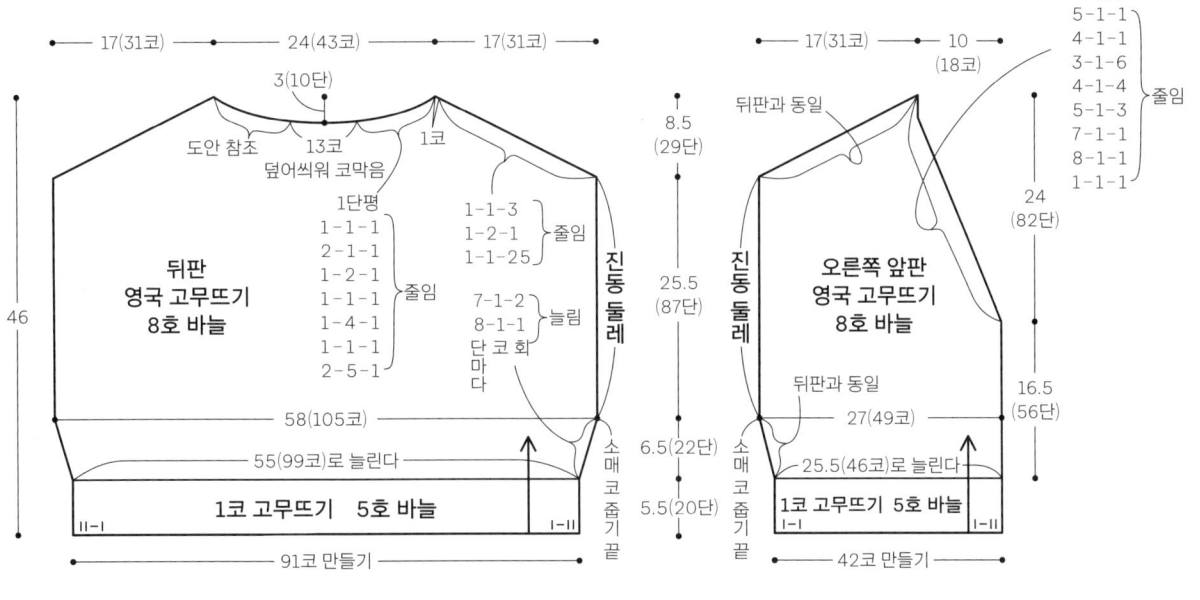

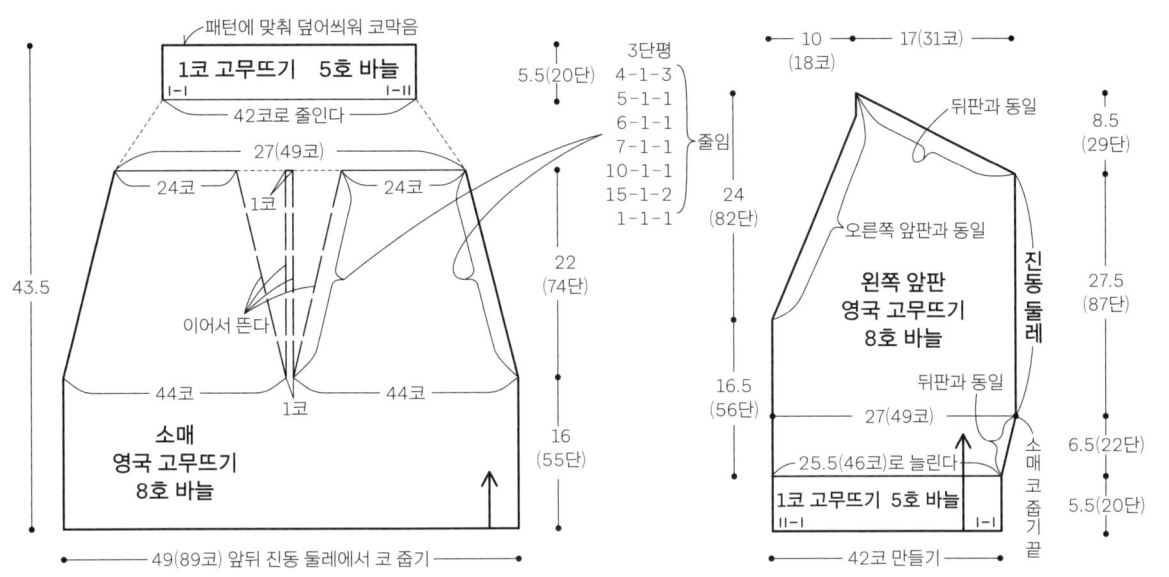

64

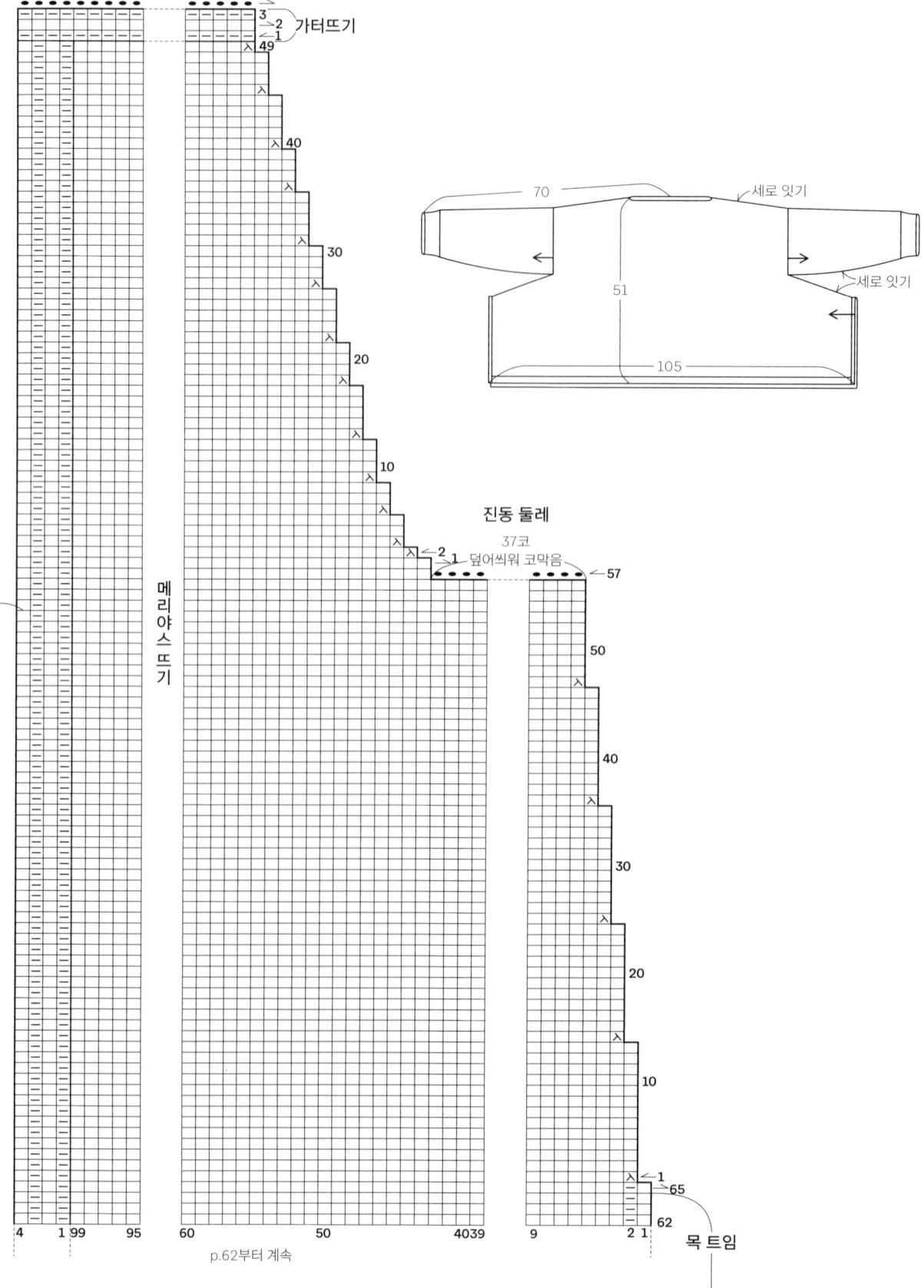

가터뜨기

3
2
1
49

入
入 40
入
入
入 30
入
入
入 20
入
入
入 10
入
入
入
入 2
入 1 덮어씌워 코막음

진동 둘레
37코

57

50

40

入 30

入 20

入 入 10

入 1
65
62

60   50   4039

60   50   4039

4   1 99   95

9   2 1

1코 고무뜨기

메리야스뜨기

p.62부터 계속

목 트임

70   세로 잇기

51

105

세로 잇기

네크라인 구멍 뜨는 법

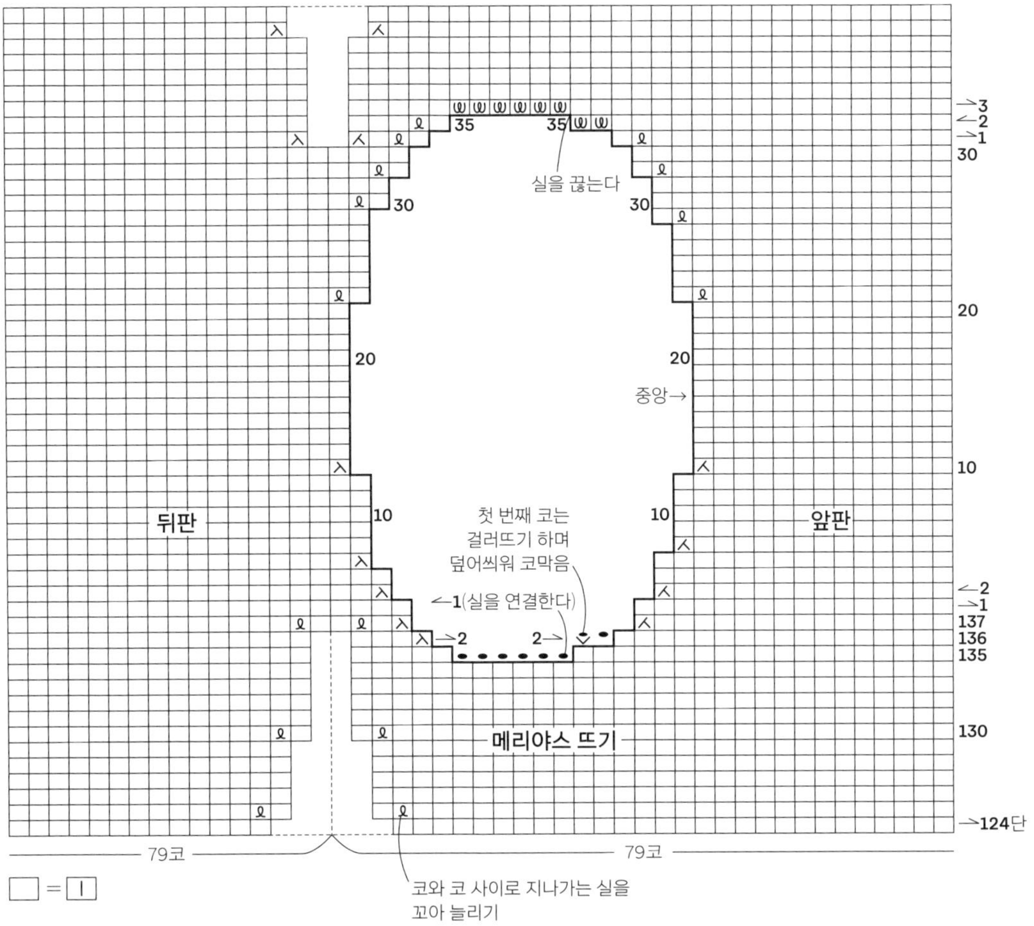

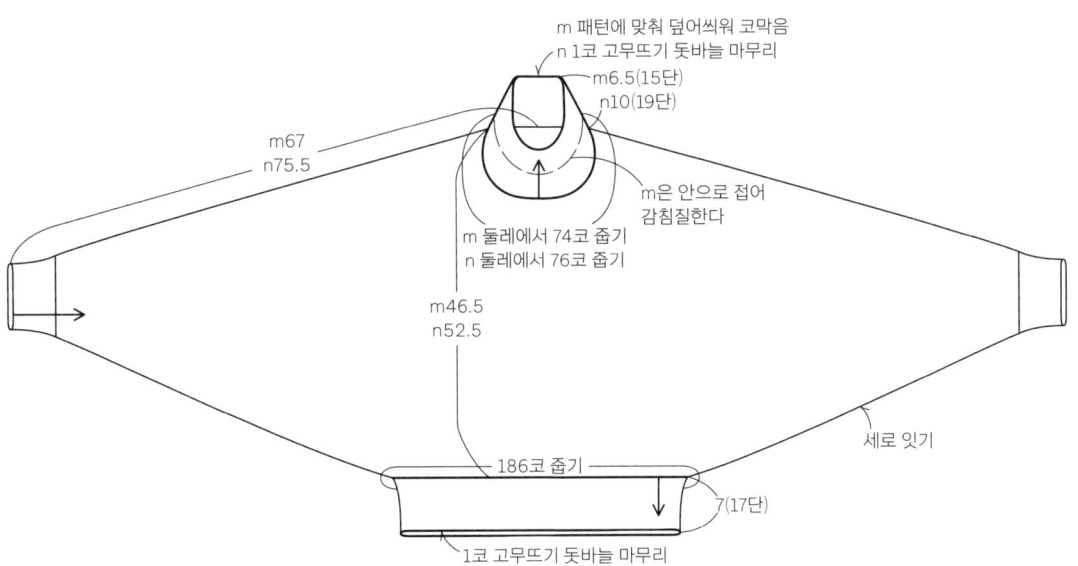

칼라, 아랫단
1코 고무뜨기   3호 바늘

뒤판

앞판

메리야스 뜨기

실을 끊는다

첫 번째 코는
걸러뜨기 하며
덮어씌워 코막음

중앙→

←1(실을 연결한다)

35   35

30   30

20   20

10   10

3
2
1
30

20

10

2
1
137
136
135

130

124단

79코   79코

□ = Ⅰ

코와 코 사이로 지나가는 실을
꼬아 늘리기

m 패턴에 맞춰 덮어씌워 코막음
n 1코 고무뜨기 돗바늘 마무리

m6.5(15단)
n10(19단)

m67
n75.5

m은 안으로 접어
감침질한다

m 둘레에서 74코 줍기
n 둘레에서 76코 줍기

m46.5
n52.5

세로 잇기

186코 줍기

7(17단)

1코 고무뜨기 돗바늘 마무리

삼각 몸판에 소매가 달린 래글런 슬리브의 터틀넥입니다. 부드러운 짜임의 넉넉한 실루엣으로 밑단 트임이 포인트입니다. 통 큰 바지와 함께 입어도 예뻐요.

(**실**)	DARUMA / 부드러운 양 시나몬 (14) 560g
(**바늘**)	대바늘 10호 2자루, 5자루, 7mm 줄바늘(60cm), 8mm 줄바늘(60cm) ※줄바늘로 왕복으로 뜬다
(**게이지**)	영국 고무뜨기 10cm 사방 11.5코 26단
(**사이즈**)	품 68cm, 기장 49cm, 화장 73cm

(**뜨는 법**) 실은 2가닥으로 뜹니다.

앞뒤 몸판은 1코 고무뜨기 코 만드는 법으로 94코를 만들어, 8mm 바늘로 1코 고무뜨기를 콧수의 증감 없이 뜹니다. 7mm 바늘로 바꿔 영국 고무뜨기를 코를 줄여가며 떠, 패턴에 맞춰 덮어씌워 코막음 합니다. 소매는 같은 방법으로 36코를 만들어, 10호 바늘로 1코 고무뜨기를 콧수의 증감 없이 떠 영국 고무뜨기로 소매 아래에서 콧수를 늘려 래글런 선을 콧수를 줄여가며 뜬 다음, 패턴에 맞춰 덮어씌워 코막음 합니다. 래글런 선을 세로 잇기 합니다. 목은 10호 바늘로 네크라인에서 코를 주워 1코 고무뜨기를 뜨고, 마무리는 1코 고무뜨기 돗바늘 마무리를 합니다. 소매 아래, 옆선의 트임 시작 전까지 세로 잇기 합니다.

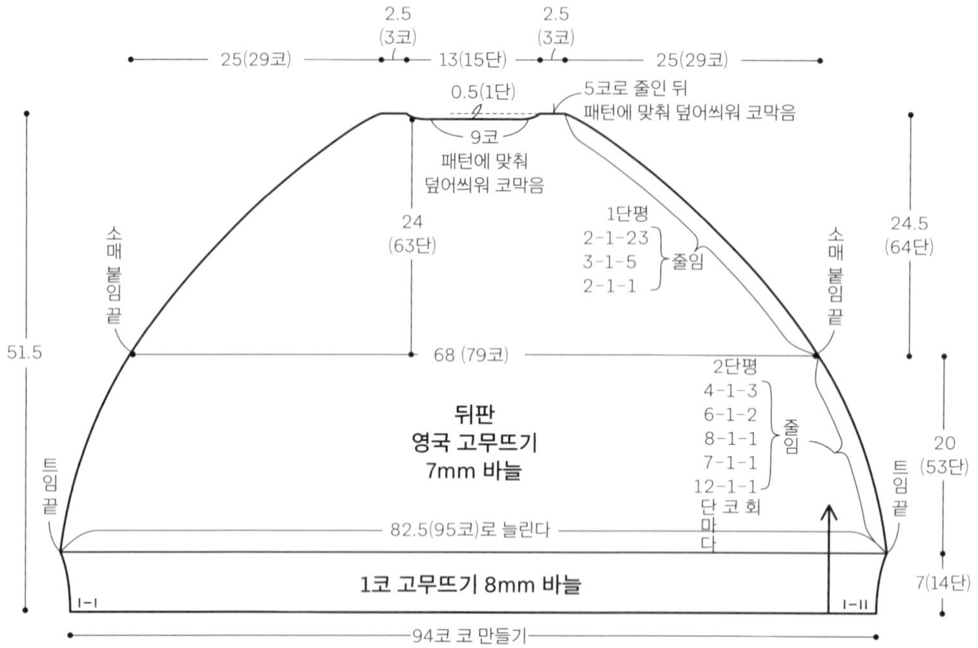

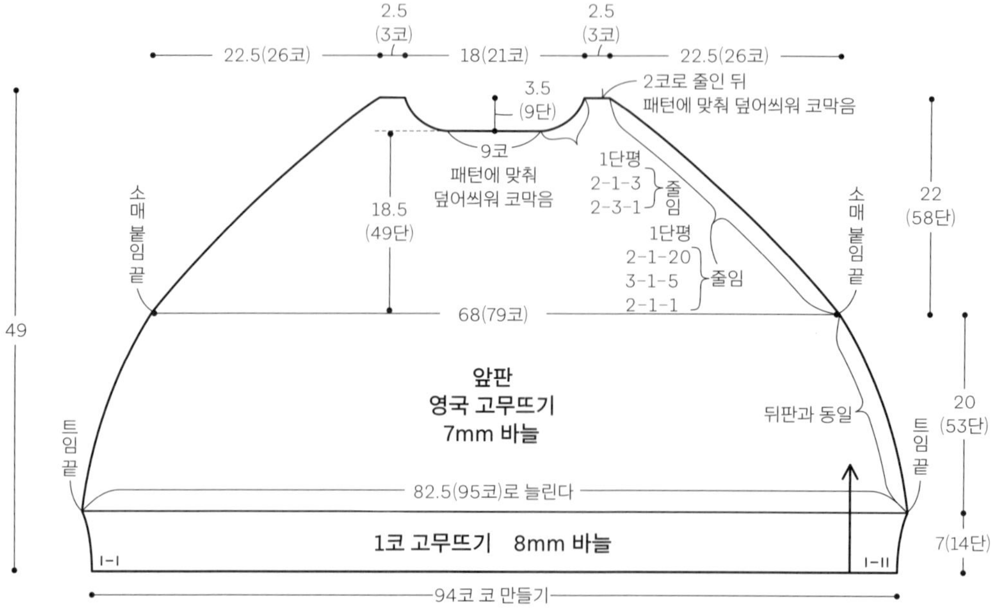

뒤판 도안:

- 2.5 (3코) | 13(15단) | 2.5 (3코)
- 25(29코) ─── 25(29코)
- 0.5(1단)
- 5코로 줄인 뒤 패턴에 맞춰 덮어씌워 코막음
- 9코 패턴에 맞춰 덮어씌워 코막음
- 24 (63단)
- 1단평 2-1-23 3-1-5 2-1-1 줄임
- 24.5 (64단)
- 소매 붙임 끝
- 51.5
- 68 (79코)
- 2단평 4-1-3 6-1-2 8-1-1 7-1-1 12-1-1 줄임
- 1단 코 회마다
- 20 (53단)
- 뒤판 영국 고무뜨기 7mm 바늘
- 트임 끝
- 82.5(95코)로 늘린다
- 트임 끝
- 1코 고무뜨기 8mm 바늘
- 7(14단)
- 94코 코 만들기

앞판 도안:

- 2.5 (3코) | 18(21코) | 2.5 (3코)
- 22.5(26코) ─── 22.5(26코)
- 3.5 (9단)
- 2코로 줄인 뒤 패턴에 맞춰 덮어씌워 코막음
- 9코 패턴에 맞춰 덮어씌워 코막음
- 18.5 (49단)
- 1단평 2-1-3 2-3-1 줄임
- 1단평 2-1-20 3-1-5 2-1-1 줄임
- 22 (58단)
- 소매 붙임 끝
- 49
- 68(79코)
- 뒤판과 동일
- 20 (53단)
- 앞판 영국 고무뜨기 7mm 바늘
- 트임 끝
- 82.5(95코)로 늘린다
- 트임 끝
- 1코 고무뜨기 8mm 바늘
- 7(14단)
- 94코 코 만들기

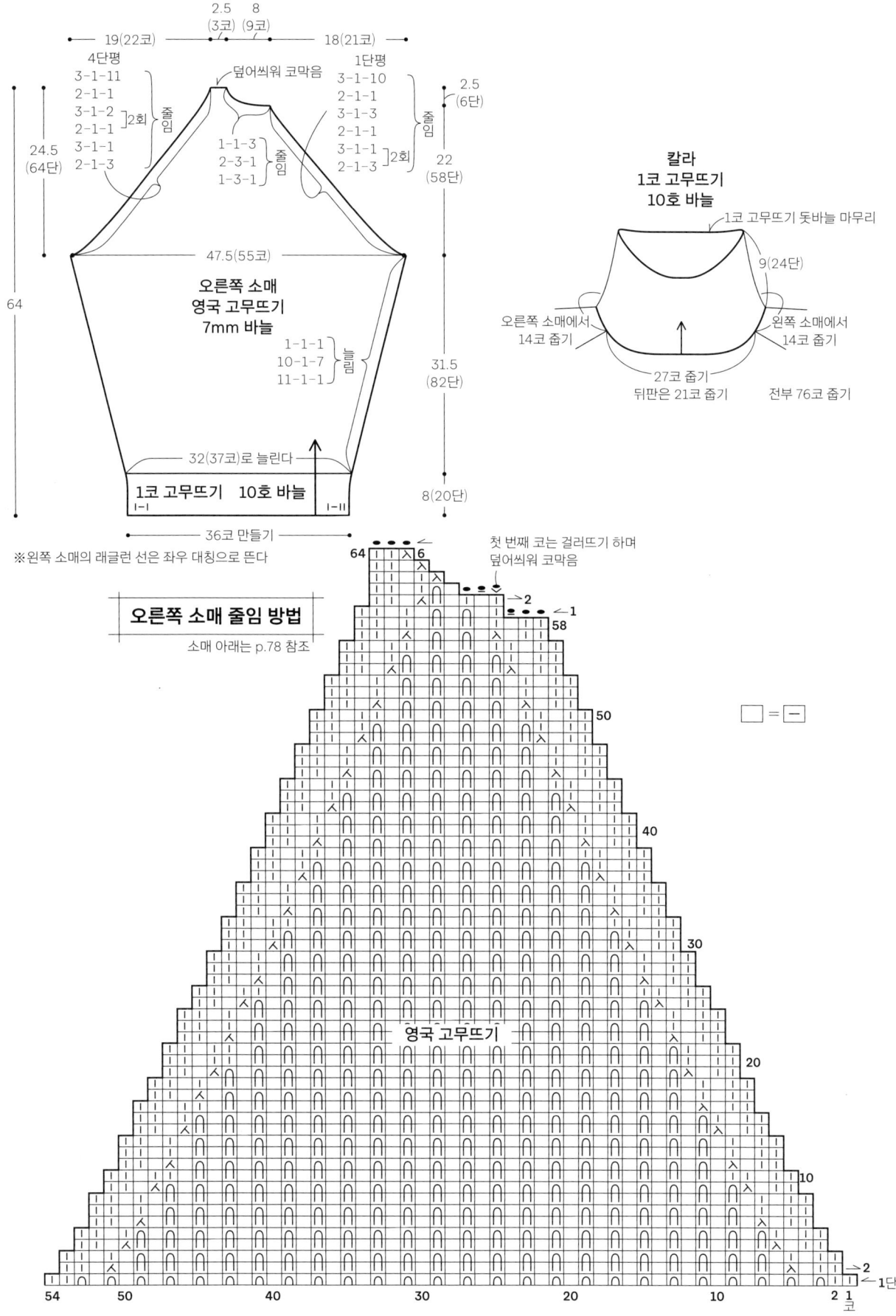

2.5　8
(3코)　(9코)

19(22코)　18(21코)

4단평
3-1-11　　1단평
3-1-1　　　3-1-10
3-1-2]2회　2-1-1
2-1-1　　　3-1-3
3-1-1　　　2-1-1
2-1-3　　　3-1-1]2회
　　　　　　2-1-3

줄임　줄임

덮어씌워 코막음

1-1-3
2-3-1　줄임
1-3-1

24.5
(64단)

2.5
(6단)

22
(58단)

47.5(55코)

오른쪽 소매
영국 고무뜨기
7mm 바늘

64

칼라
1코 고무뜨기
10호 바늘

1코 고무뜨기 돗바늘 마무리

9(24단)

오른쪽 소매에서　　왼쪽 소매에서
14코 줍기　　　　　14코 줍기

27코 줍기
뒤판은 21코 줍기　　전부 76코 줍기

1-1-1
10-1-7]늘림
11-1-1

31.5
(82단)

32(37코)로 늘린다

1코 고무뜨기　10호 바늘
I-I　　　　　I-II

8(20단)

36코 만들기

※왼쪽 소매의 래글런 선은 좌우 대칭으로 뜬다

오른쪽 소매 줄임 방법
소매 아래는 p.78 참조

첫 번째 코는 걸러뜨기 하며
덮어씌워 코막음

64　6

2
58

50

40

30

영국 고무뜨기

20

10

2
1단

54　50　40　30　20　10　2　1
코

□ = ─

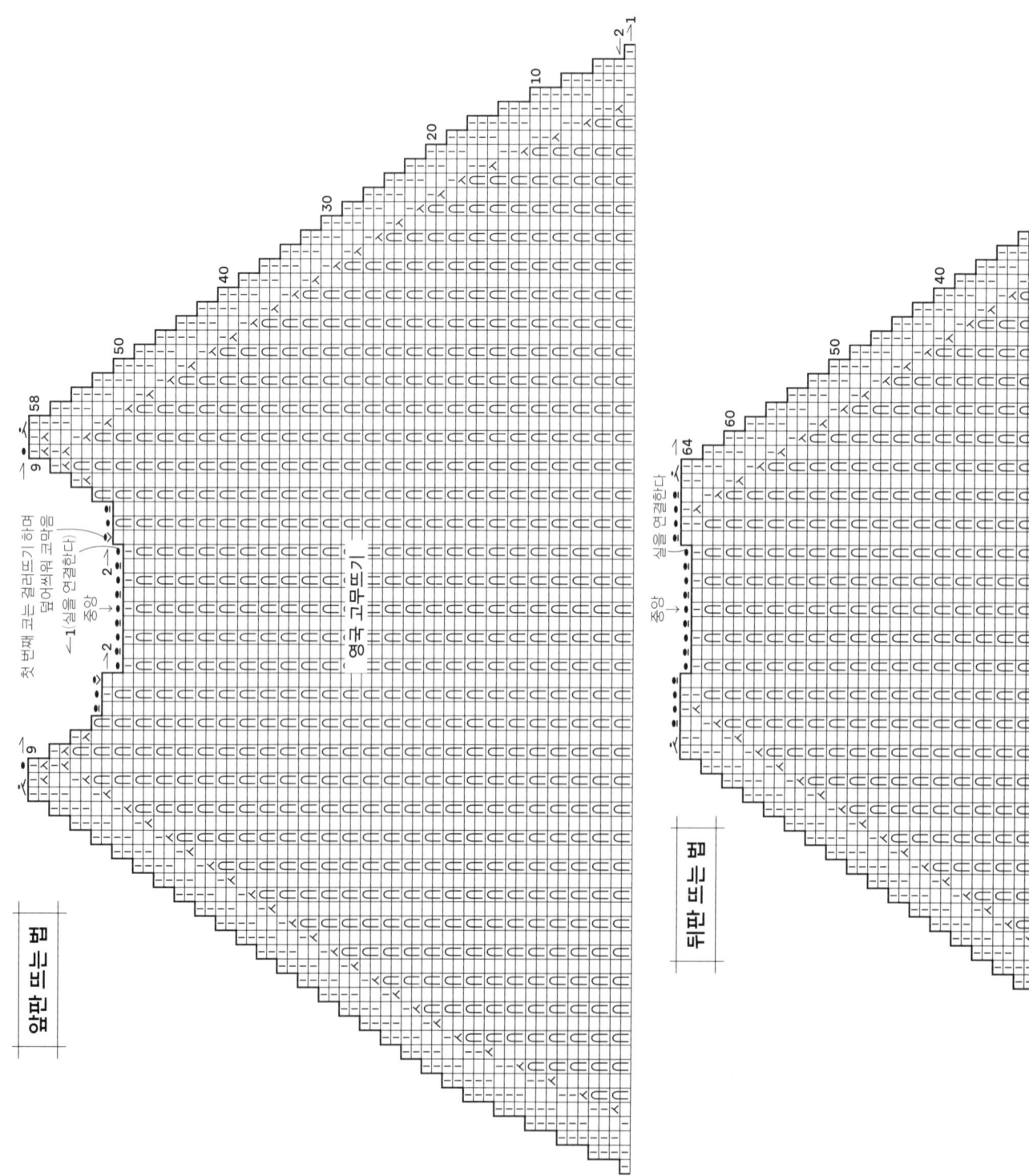

앞판 뜨는 법

첫 번째 코드 컬러로프기 하며
묶어씌워 코막음

←1실을 연결한다)

중앙

→9

58

50

40

30

20

10

←2
→1

영국 고무뜨기

뒤판 뜨는 법

실을 연결한다

중앙

64

60

50

40

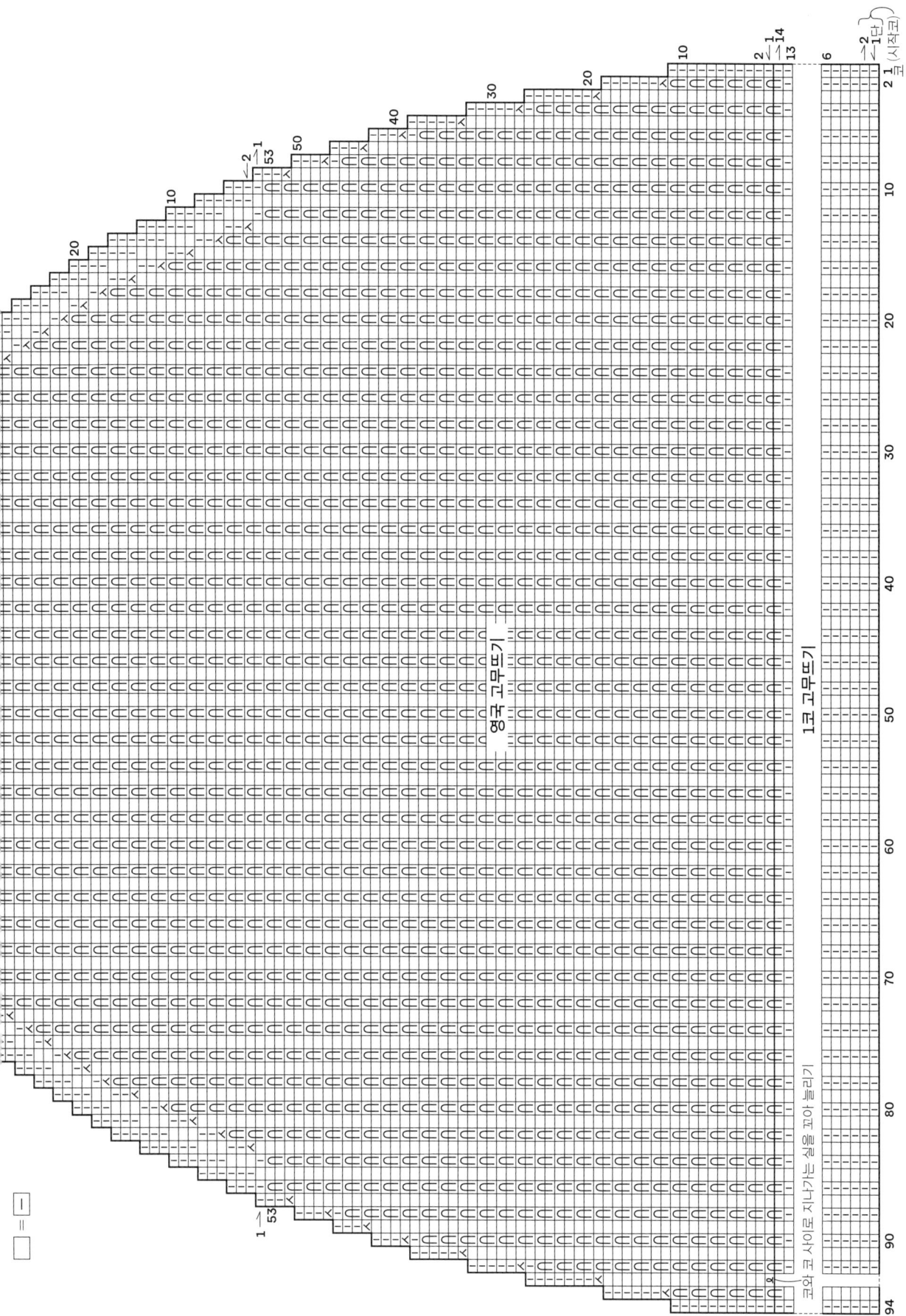

영국 고무뜨기

1코 고무뜨기

코와 코 사이로 지나가는 실을 꼬아 늘리기

□ = ─

77

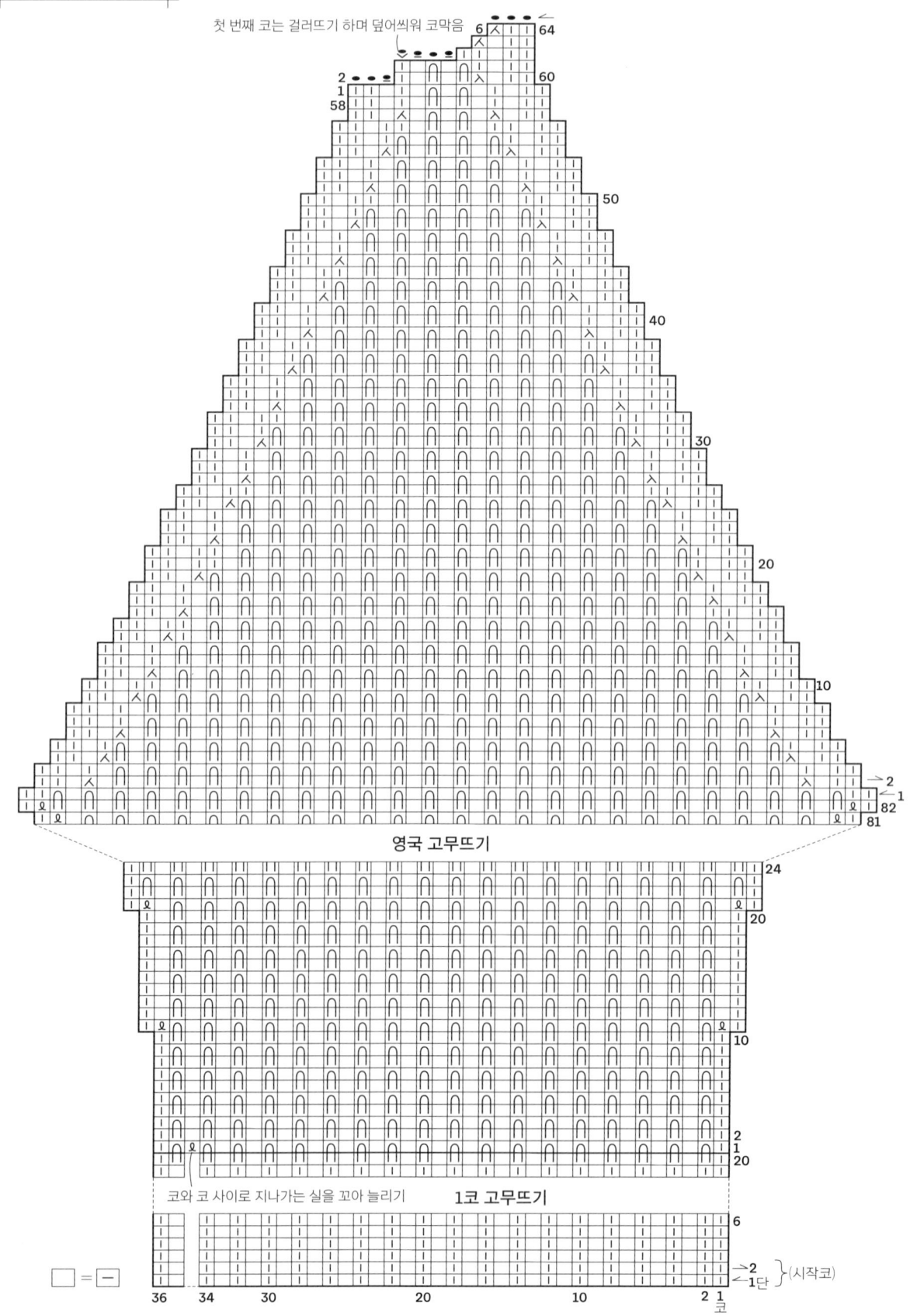

첫 번째 코는 걸러뜨기 하며 덮어씌워 코막음

6
64
2
1
58
60
50
40
30
20
10
2
1
82
81

영국 고무뜨기

24
20
10
2
1
20

코와 코 사이로 지나가는 실을 꼬아 늘리기

1코 고무뜨기

6
2
1단 (시작코)
(시작코)

36 34 30 20 10 2 1
코

□ = ―

78

r

굵은 바늘로 뜬, 마늘 같은 고깔이 특징인 니트 모자입니다. 스타일링에 포인트가 되기도 하니 마음껏 컬러풀한 색상에 도전할 것을 추천합니다.

(**실**)　전부 140g (p.38 위부터)
　　　　　PUPPY / 프린세스 애니 로얄블루(558)
　　　　　WOOL AND THE GANG / CRAZY SEXY WOOL LIPSTICK RED
　　　　　리치모아 / 퍼센트 라이트그린(109)
　　　　　WOOL AND THE GANG / CRAZY SEXY WOOL DUCK EGG BLUE
　　　　　WOOL AND THE GANG / CRAZY SEXY WOOL MIDNIGHT BLUE (p.5)
　　　　　WOOL AND THE GANG / CRAZY SEXY WOOL CINNAMON DUST
(**바늘**)　대바늘 12mm 5자루
(**게이지**)　메리야스 뜨기 10cm 사방 7.5코 11단
(**사이즈**)　머리둘레 48cm, 깊이 21.5cm

(**뜨는 방법**)　실은 CRAZY SEXY WOOL은 1가닥, 프린세스 애니, 퍼센트는 각각 6가닥으로 뜹니다.
　　　　　　별도 사슬의 콧등을 주워 36코를 만들어, 메리야스 뜨기로 콧수를 줄여가며 뜹니다. 마무리는 실을 관통시켜 조여 마무리 합니다. 별도 사슬을 풀어 1코 고무뜨기를 뜨고, 마무리는 패턴에 맞춰 덮어씌워 코막음 합니다.

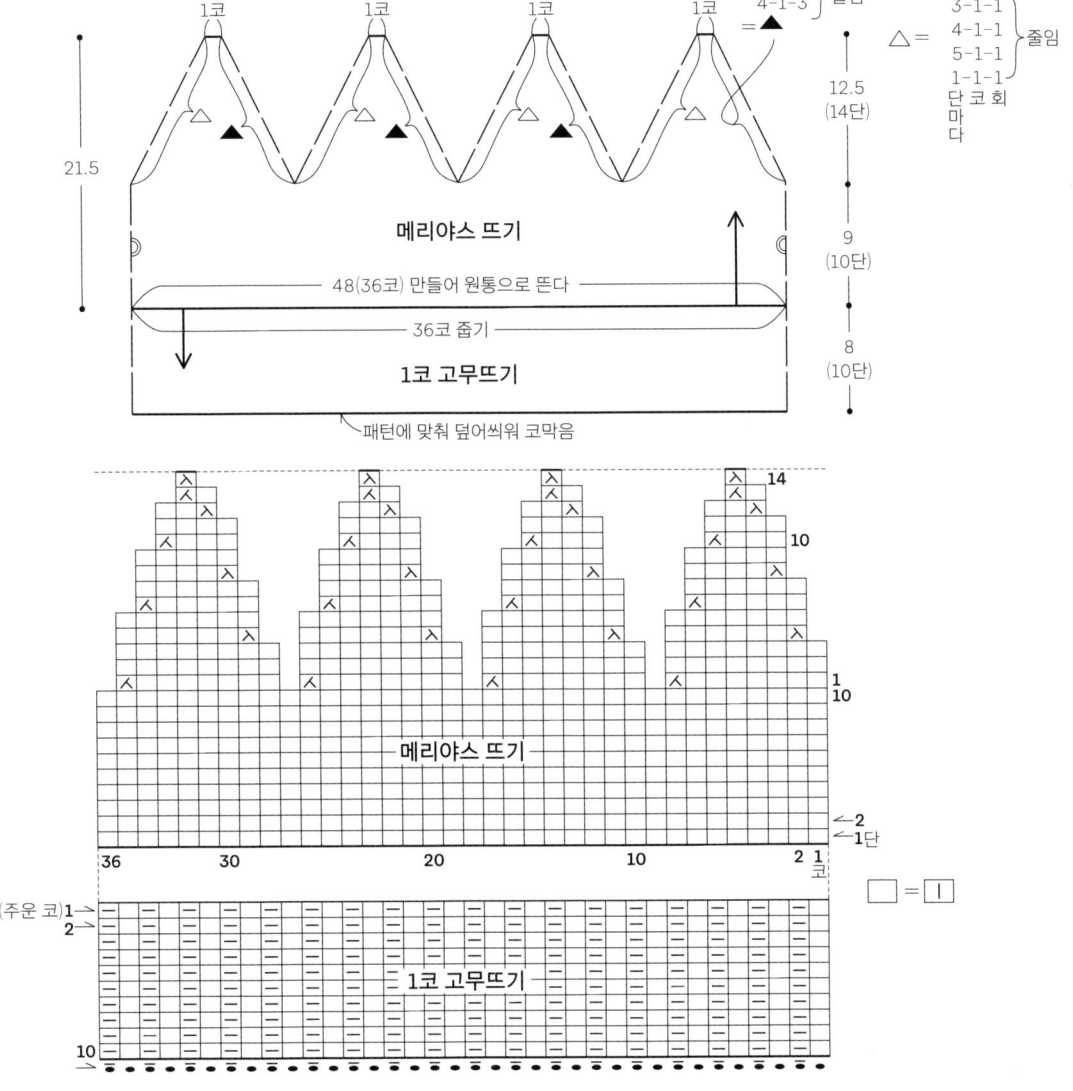

p.35

사각형에 네크라인 구멍을 뚫어 만드는 스웨터입니다. 네이비와 브라운을 매치해 색상에 깊이를 더했습니다. 매니시한 느낌이지만 넓은 품이 여유로워 움직이면 여성스러움도 있는 실루엣입니다.

(실) PUPPY / 뉴 4PLY 네이비(421) 460g
PUPPY / 브리티시파인 브라운(37) 200g

(바늘) 대바늘 11호 5자루, 줄바늘(40cm), 7mm 줄바늘(60cm) ※줄바늘로 왕복으로 뜬다

(게이지) 메리야스 뜨기 10cm 사방 14코 21단

(사이즈) 품 72cm, 기장 52cm, 화장 70cm

(뜨는 방법) 실은, 뉴 4PLY와 브리티시파인 각 1가닥씩 2가닥으로 뜹니다.
몸판은 별도 사슬의 콧등을 주워 101코 만들어, 7mm 바늘로 메리야스 뜨기를 콧수의 증감 없이 뜹니다. 네크라인의 구멍을 내가며, 뒤판까지 이어 뜹니다. 마무리는 쉼 코로 둡니다. 소매는 7mm 바늘로 진동에서 86코를 줍고 2단째에 74코로 줄여 소매 아래에서 콧수를 줄여가며 메리야스 뜨기 합니다. 11호 바늘로 바꿔 1코 고무뜨기를 뜨고, 마무리는 패턴에 맞춰 덮어씌워 코막음 합니다. 칼라는 11호 바늘로 네크라인에서 88코를 주워 1코 고무뜨기를 뜹니다. 마무리는 느슨하게 덮어씌워 코막음 해 안으로 접어 감침질 합니다. 옆 선, 소매 아래는 세로 잇기 합니다. 아랫단은 별도 사슬 코를 풀어내 쉼 코를 바늘에 끼워 원통으로 만들고, 7mm 바늘로 1코 고무뜨기를 11단 뜹니다. 마무리는 패턴에 맞춰 덮어씌워 코막음 합니다.

쉼코

몸판
메리야스 뜨기
7mm 바늘

뒤판

소매 코 줍는 곳 끝

26.5 (56단)

20 (42단)

진동

20 (42단)

46.5

46.5

어깨

네크라인

16(23코)

17 (36단)

20.5 (43코)

콧수의 증감은 도안 참조

1코 쉼코

3(6단)

앞판

진동

26.5 (56단)

소매 코 줍는 곳 끝

72(101코) 코 만들기

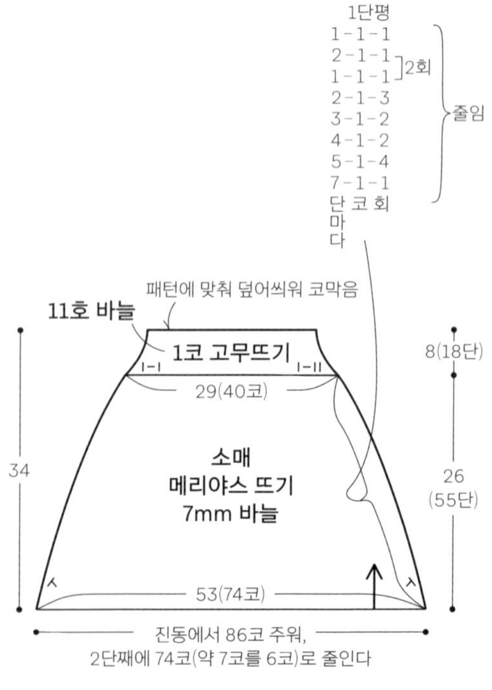

1단평
1-1-1
2-1-1
1-1-1]2회
2-1-3
3-1-2
4-1-2
5-1-4
7-1-1
단 코 회
마
다

줄임

11호 바늘

패턴에 맞춰 덮어씌워 코막음

1코 고무뜨기

1-1

1-11

29(40코)

8(18단)

34

소매
메리야스 뜨기
7mm 바늘

26 (55단)

53(74코)

진동에서 86코 주워,
2단째에 74코(약 7코를 6코)로 줄인다

80

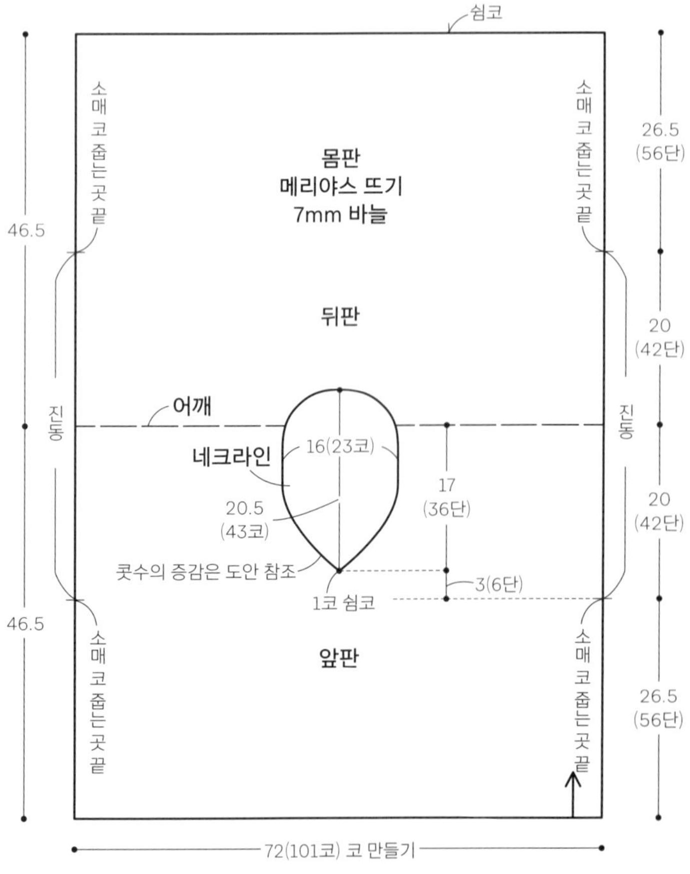

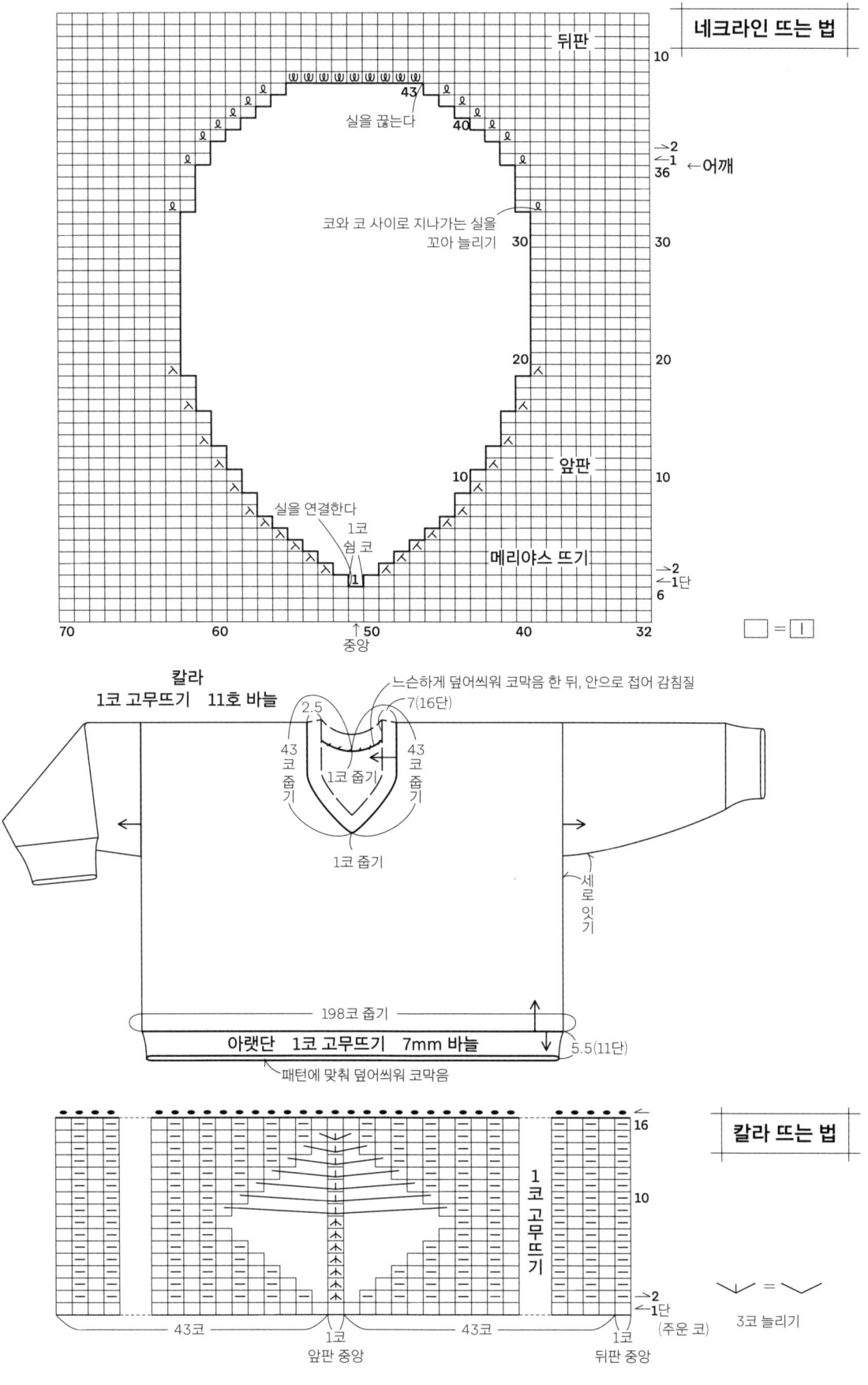

뒤판

10

43

실을 끊는다

40

→2
←1 ←어깨
36

코와 코 사이로 지나가는 실을
꼬아 늘리기

30 30

20 20

앞판

10 10

실을 연결한다

1코
쉼 코

메리야스 뜨기

→2
←1단
6

70   60   50   40   32
↑
중앙

□ = I

칼라
1코 고무뜨기 11호 바늘

2.5

느슨하게 덮어씌워 코막음 한 뒤, 안으로 접어 감침질
7(16단)

43
코
줍
기

1코 줍기

43
코
줍
기

1코 줍기

세
로
잇
기

198코 줍기

아랫단 1코 고무뜨기 7mm 바늘

5.5(11단)

패턴에 맞춰 덮어씌워 코막음

16

1
코
고
무
뜨
기

10

→2
←1단
(주운 코)

∨ = ∨

3코 늘리기

43코   1코   43코   1코
앞판 중앙   뒤판 중앙

q

p.36

박시한 몸에 작은 소매로 깔끔하게 만든 7부 소매 카디건. 기장이 길어 아우터로 활용 가능해 돌려 입기 편한 옷입니다. 평소에 잘 입지 않는 대담한 색으로 떠보는 것도 즐겁습니다.

(**실**) PUPPY / 뉴4PLY 빨강(473) 330g
PUPPY / 프린세스애니 로얄블루(558) 450g

(**바늘**) 10호 줄바늘(60cm), 대바늘 5호, 11호 2자루 ※줄바늘로 왕복으로 뜬다

(**게이지**) 메리야스 뜨기 10cm 사방 16.5코 23단

(**사이즈**) 품 87cm, 기장 71cm, 화장 60cm

(**뜨는 방법**) 실은 뉴 4ply와 프린세스애니 각 1가닥씩 2가닥으로 뜹니다.
뒤판은 1코 고무뜨기의 코 만드는 법으로 115코를 만들어, 11호 바늘로 1코 고무뜨기를 콧수의 증감 없이 뜹니다. 10호 바늘로 바꿔 메리야스 뜨기를 콧수를 늘려가며 뜨고, 어깨와 네크라인의 콧수를 줄여 마무리는 덮어씌워 코막음 합니다. 앞판도 같은 모양으로 56코를 만들어 1코 고무뜨기와 메리야스 뜨기를 합니다. 어깨를 메리야스 잇기 합니다. 소매는 10호 바늘로 68코를 주워 1코 고무뜨기 합니다. 2단째에 52코로 콧수를 줄여, 소매 아래로 콧수를 줄여가며 뜹니다. 마무리는 패턴에 맞춰 덮어씌워 코막음 합니다. 네크라인의 앞단은 1코 고무뜨기의 코 만드는 법으로 코를 만들어, 5호 바늘로 1코 고무뜨기를 합니다. 앞단의 끝과 네크라인을 세로 잇기와 코와 단의 가로 잇기로 붙입니다. 옆 선, 소매 아래를 세로 잇기 합니다.

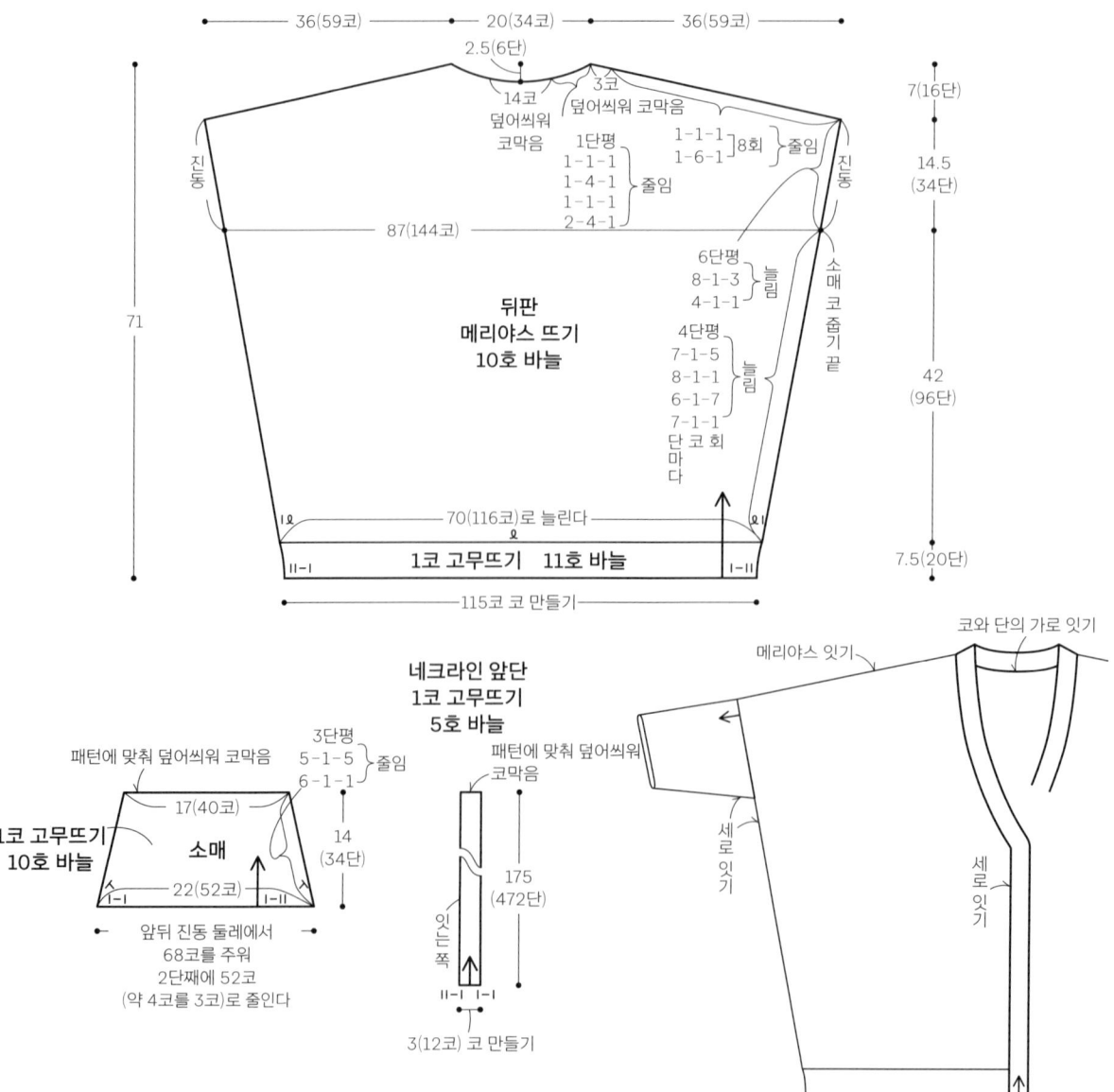

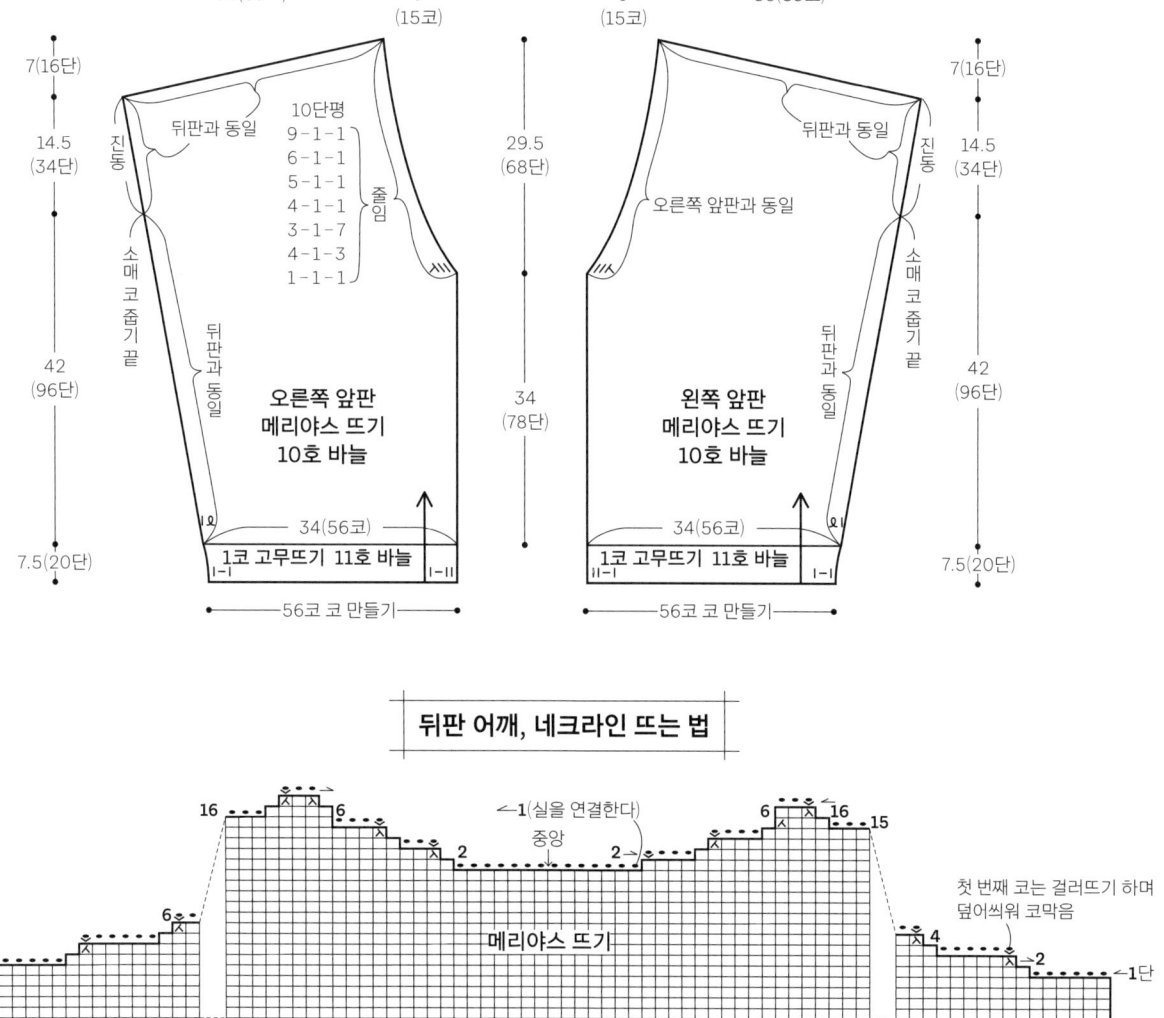

36(59코) ── 9
(15코)

7(16단)

14.5
(34단)

진동   뒤판과 동일   10단평
9-1-1
6-1-1
5-1-1   줄임
4-1-1
3-1-7
4-1-3
1-1-1

소매 코 줄기 끝

뒤판과 동일

29.5
(68단)

오른쪽 앞판
메리야스 뜨기
10호 바늘

34(56코)

34
(78단)

42
(96단)

1코 고무뜨기 11호 바늘

7.5(20단)

── 56코 코 만들기 ──

9 ── 36(59코)
(15코)

7(16단)

뒤판과 동일   진동

오른쪽 앞판과 동일

14.5
(34단)

소매 코 줄기 끝

뒤판과 동일

왼쪽 앞판
메리야스 뜨기
10호 바늘

42
(96단)

34(56코)

1코 고무뜨기 11호 바늘

7.5(20단)

── 56코 코 만들기 ──

뒤판 어깨, 네크라인 뜨는 법

16   6   ←1(실을 연결한다)
중앙   6   16   15

6   2   2

메리야스 뜨기

첫 번째 코는 걸러뜨기 하며
덮어씌워 코막음

2   4   2
1   1단

□ = ▯

83

S

p.38

굵은 골을 가진 큼직한 목도리입니다. 목 부분에 풍성하게 볼륨감을 주는 스타일링을 추천합니다. 양면의 외관이 다르기 때문에 원하는 면을 겉으로 사용할 수 있습니다. 길이도 취향에 따라 길게 하는 것도 짧게 하는 것도 자유입니다.

(**실**) WOOL AND THE GANG / CRAZY SEXY WOOL BRONZED OLIVE 550g
(**바늘**) 대바늘 12mm 2자루
(**게이지**) 영국 고무뜨기 10cm 사방 7.5코 10단
(**사이즈**) 폭 17cm, 길이 260cm

(**뜨는 방법**) 실은 1가닥으로 뜹니다.
1코 고무뜨기의 코 만드는 법으로 13코를 만들어, 영국 고무뜨기로 261단을 뜹니다. 마무리는 패턴에 맞춰 덮어씌워 코막음 합니다.

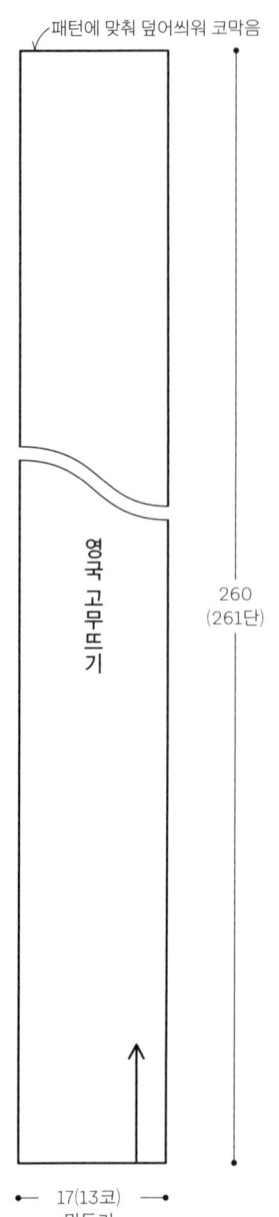

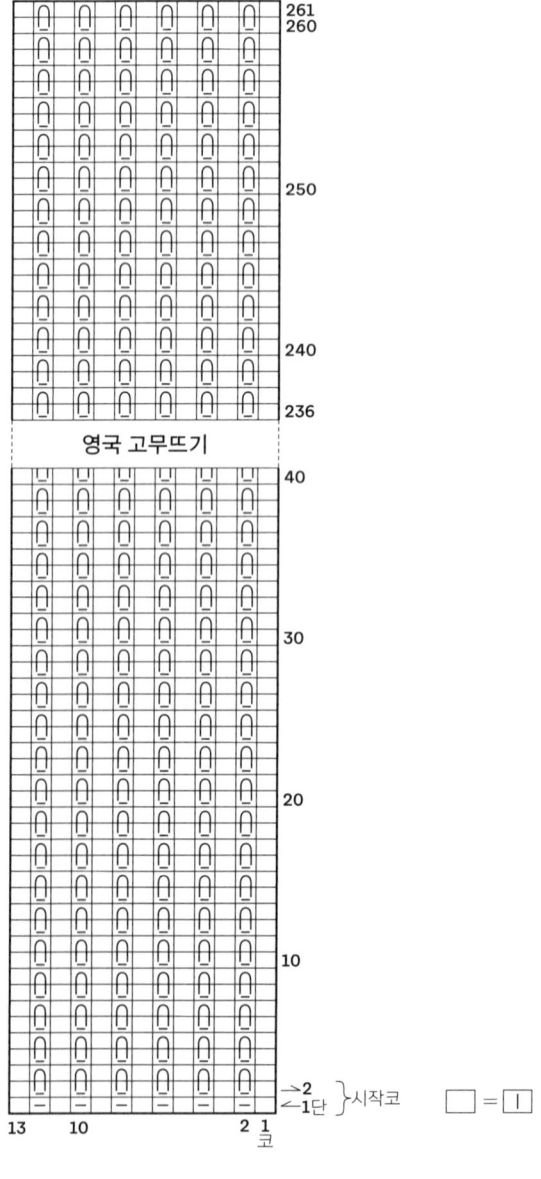

84

뜨개의 기초

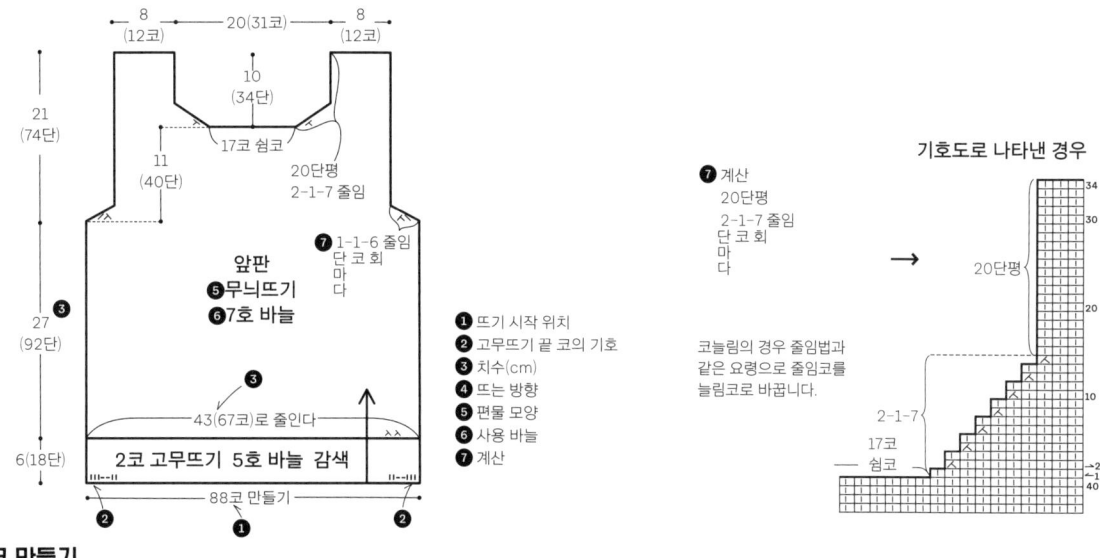

8
(12코)   20(31코)   8
(12코)

10
(34단)

21
(74단)

17코 쉼코

11
(40단)

20단평
2-1-7 줄임

❼1-1-6 줄임
단 코 회
마
다

앞판
❺무늬뜨기
❻7호 바늘

3
27
(92단)

❸

43(67코)로 줄인다

❸

6
(18단)

2코 고무뜨기 5호 바늘 감색

88코 만들기
❶

❷   ❷

❶ 뜨기 시작 위치
❷ 고무뜨기 끝 코의 기호
❸ 치수(cm)
❹ 뜨는 방향
❺ 편물 모양
❻ 사용 바늘
❼ 계산

❼ 계산
20단평
2-1-7 줄임
단 코 회
마
다

기호도로 나타낸 경우

20단평

2-1-7

17코
쉼코

코늘림의 경우 줄임법과
같은 요령으로 줄임코를
늘림코로 바꿉니다.

코 만들기

손가락에 실을 걸어 만드는 방법

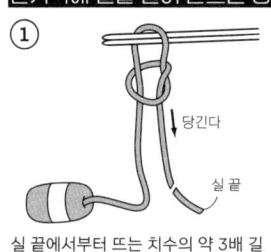

① 실 끝에서부터 뜨는 치수의 약 3배 길이 지점에 고리를 만들고, 바늘을 모아 고리 안에 넣는다.

당긴다

실 끝

② 고리를 조인다.

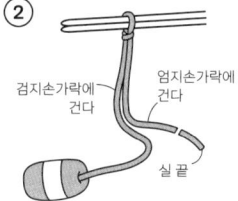

검지손가락에
건다   엄지손가락에
건다

실 끝

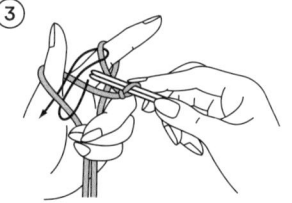

③ 실 끝 쪽을 왼손의 엄지손가락에, 실타래 쪽을 검지 손가락에 걸고, 오른손은 고리를 누르면서 바늘을 잡는다. 손가락에 걸린 실을 떠낸다.

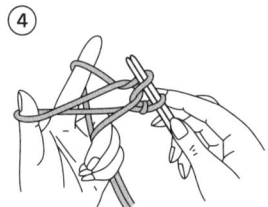

④ 떠낸 직후,

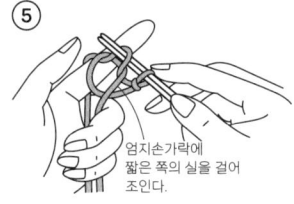

⑤ 엄지손가락에 걸린 실을 빼내며, 매듭을 조인다.

엄지손가락에
짧은 쪽의 실을 걸어
조인다.

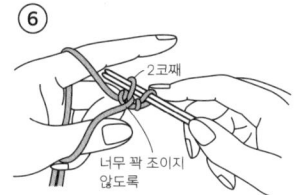

⑥ 엄지손가락과 검지손가락을 처음 모양으로 만든다. ③~⑥을 반복한다.

2코째

너무 꽉 조이지
않도록

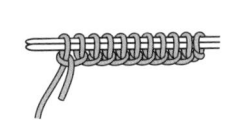

⑦ 필요한 콧수를 만들고 겉뜨기 1단으로 센다.

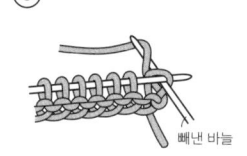

⑧ 2자루의 대바늘 중 1자루를 빼내, 실이 있는 쪽부터 2단째를 뜬다.

빼낸 바늘

풀어내는 사슬코

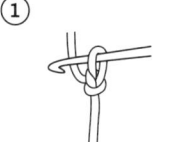

① 뜰 실과 비슷한 굵기의 실로 사슬코를 만든다.

② 필요 콧수보다 1~2코 많게 느슨하게 뜬다.

끝 코   시작 코

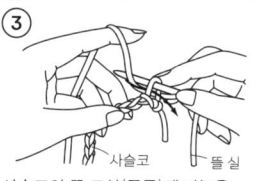

③ 사슬코의 끝 코산(콧등)에 바늘을 넣는다.

사슬코의 끝 코산   뜰 실

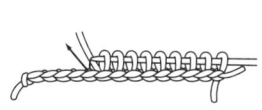

④ 필요 콧수만큼 줍고, 겉뜨기 1단으로 센다 코를 주울 때는 사슬의 끝부분부터 실을 풀어내 대바늘로 옮긴다.

1코 고무뜨기의 코 만들기 I—I—I—I—I—I—II

① 별도 사슬로 필요 콧수보다 1~2코 많게 사슬코를 만들고, 대바늘로 실을 빼낸다. 끝에서 2코를 줍고, 다음부터는 1코씩 건너 뛰어 줍는다.

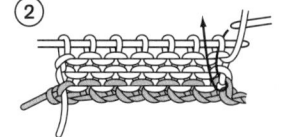

② 메리야스 뜨기를 2단 뜨고, 표시와 같이 바늘을 넣어 안뜨기를 뜬다.

③ 1단째의 건너가는 실을 오른 바늘로 주워 겉뜨기를 뜬다.

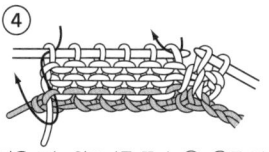

④ 다음 코는 안뜨기를 뜬다. ③, ④를 반복해, 처음 표시와 같이 바늘을 넣어 안뜨기를 뜬다.
이렇게 만든 코를 2단으로 센다.

85

뜨개 기호

뜨개 기호는 편물의 겉에서 본 기호입니다. 감아코, 걸러뜨기를 제외하고, 1단 아래에 그 뜨개 코가 만들어집니다.

겉뜨기	안뜨기	꼬아뜨기	꼬아뜨기(안뜨기)	걸러뜨기
I	—	Ω	Ω	V

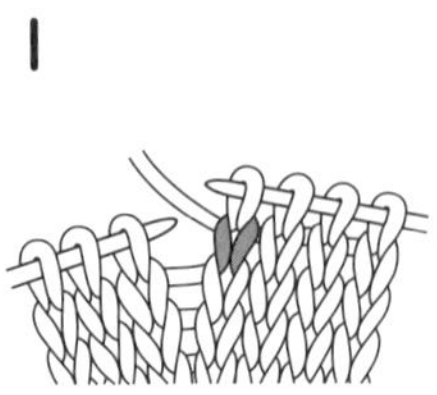

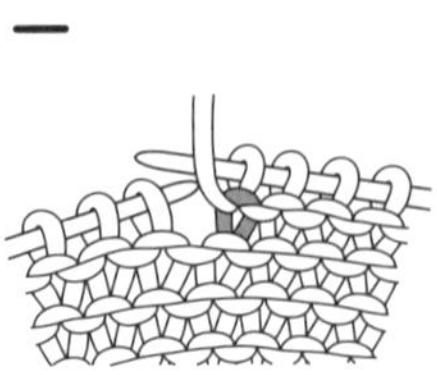

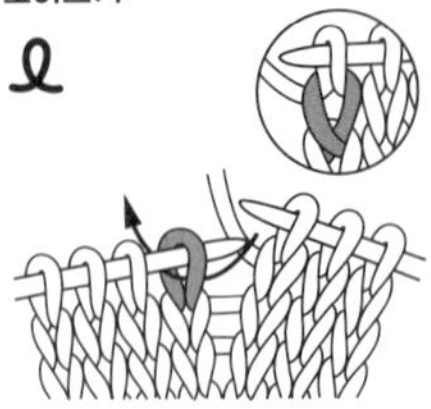

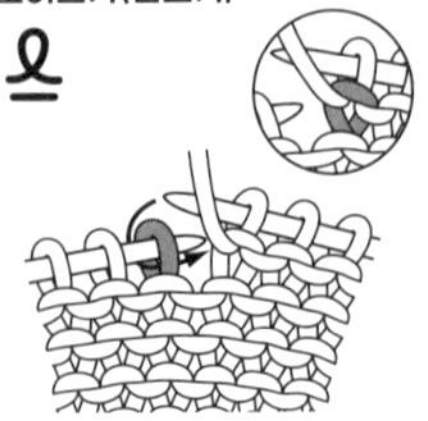

걸러뜨기: 코를 뜨지 않고 오른쪽 바늘로 옮기며 뜨개 실을 반대쪽으로 건넨다

아랫단의 코가 끌어올려진다

오른코 중심 2코 모아뜨기	왼코 중심 2코 모아뜨기	오른코 중심 2코 모아뜨기(안뜨기)	왼코 중심 2코 모아뜨기(안뜨기)

오른코 중심 2코 모아뜨기: 겉뜨기를 뜬다 / 뜨지 않고 오른쪽 바늘로 옮긴다

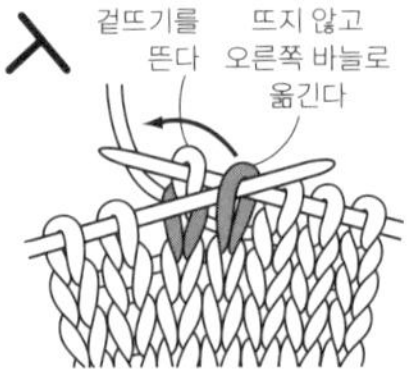

옮긴 코를 덮어 씌운다.

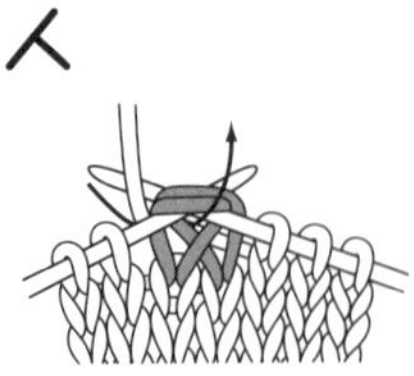

겉뜨기로 2코를 한 번에 뜬다.

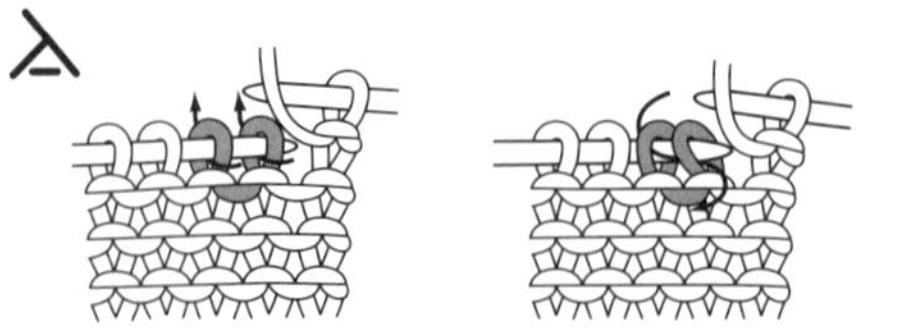

오른쪽 바늘로 뜨지 않고 2코를 옮긴다.

방향을 바꿔 왼쪽 바늘로 돌려놓고, 안뜨기로 2코를 한 번에 뜬다.

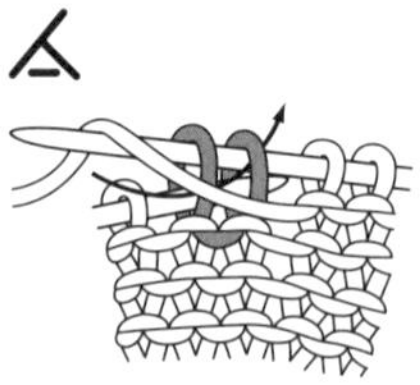

안뜨기로 2코를 한 번에 뜬다.

끌어올리기(겉뜨기)	중심 3코 모아뜨기	중심 3코 모아뜨기

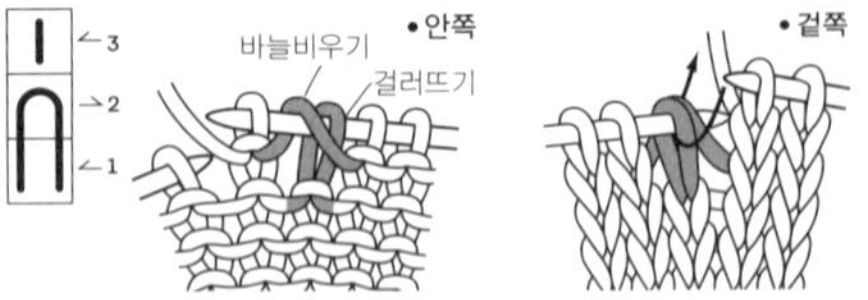

끌어올리기(겉뜨기): 바늘비우기 / 걸러뜨기 / ●안쪽 / ●겉쪽

1단째는 겉뜨기를 뜨고, 2단째(안쪽)는 바늘비우기와 걸러뜨기를 한다.

3단째(겉쪽)는 전 단의 걸러뜨기와 바늘비우기를 함께 겉뜨기로 뜬다.

중심 3코 모아뜨기: 바늘비우기 / ●안쪽 / ●겉쪽

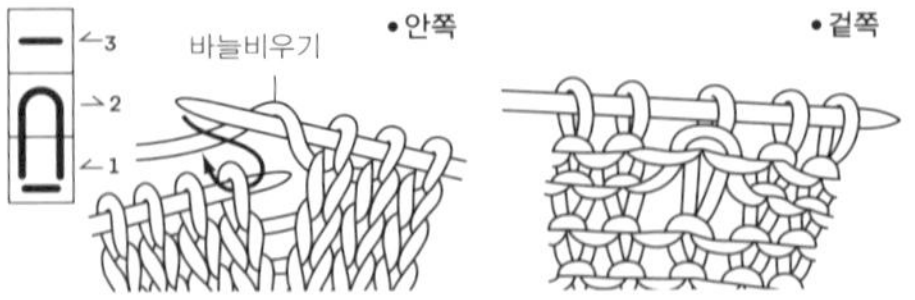

1단째는 안뜨기를 뜨고, 2단째(안쪽)는 바늘비우기와 걸러뜨기를 한다.

3단째(겉쪽)은 전 단의 걸러뜨기와 바늘비우기를 함께 안뜨기로 뜬다.

중심 3코 모아뜨기: 겉뜨기를 뜬다 / 왼코 중심 2코 모아뜨기처럼 오른쪽 바늘로 옮긴다

2코를 한 번에 덮어 씌운다.

감아코(오른쪽)	감아코(왼쪽)	3코 늘리기
W	W	V

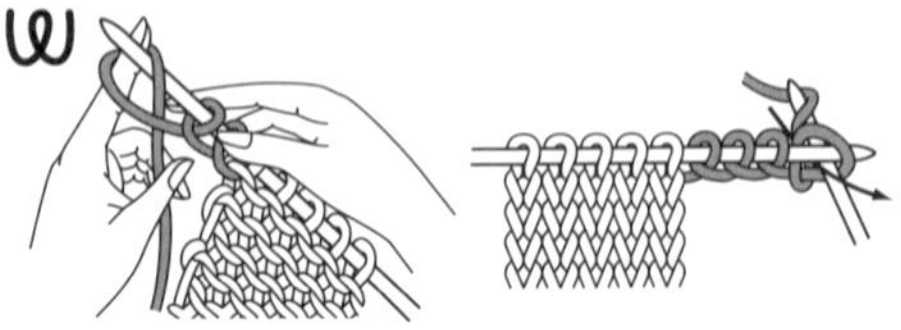

바늘을 움직여 실을 건다.

편물을 뒤집어 겉뜨기를 뜬다.

바늘을 움직여 실을 건다.

감아코(왼쪽): 겉뜨기로 뜬다

편물을 뒤집어 끝의 코는 겉뜨기를 뜨고, 다음 코부터 안뜨기로 뜬다.

3코 늘리기: 겉뜨기 / 바늘비우기 / 겉뜨기

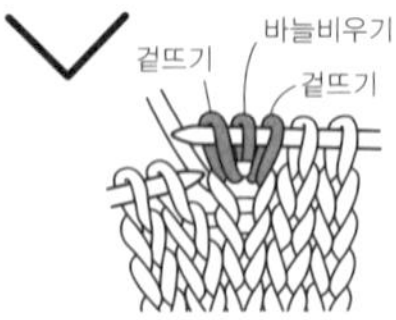

1코에 정해진 콧수를 떠 넣어 늘린다.

코의 마감

덮어씌워 코막음 ●

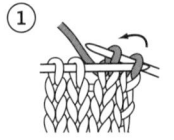
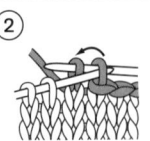
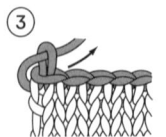

① 끝의 2코를 겉뜨기로 뜨고, 첫 번째 코를 두 번째 코에 덮어 씌운다.

② 겉뜨기를 뜨고, 덮어 씌우기를 반복한다.

③ 마지막 코는 당겨 빼내어 실을 조인다.

덮어씌워 코막음(안뜨기) ●

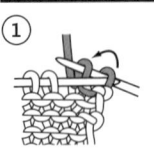
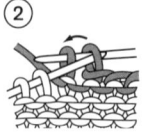
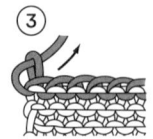

① 끝의 2코를 안뜨기로 뜨고, 첫 번째 코를 두 번째 코에 덮어 씌운다.

② 안뜨기를 뜨고, 덮어 씌우기를 반복한다.

③ 마지막 코는 당겨 빼내어 실을 조인다.

1코 고무뜨기 돗바늘 마무리(원통뜨기)

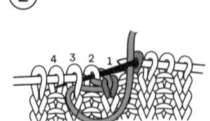
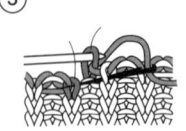
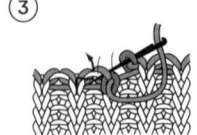
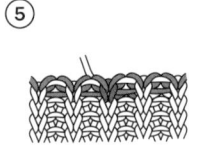

① 1번 코를 건너뛰고 2번 코의 앞에서 바늘을 넣어 빼내고, 1번 코로 돌아와 앞에서 바늘을 넣어, 3번 코로 빼낸다.

② 다시 2번 코의 바깥쪽에서, 그리고 4번 코의 앞쪽에서 바늘을 넣는다. 이후, 겉뜨기끼리 안뜨기끼리 바늘을 넣는다.

③ 끝 쪽의 겉뜨기 코에 앞쪽에서 바늘을 넣어 1번 코로 바늘을 빼낸다.

③ 끝 쪽의 안뜨기 코의 바깥쪽에서 바늘을 넣어, 고무뜨기의 돗바늘 마무리 중인 실을 뽑아 다시 2번 안뜨기로 빼낸다.

⑤ 돗바늘 마무리 한 모습.

1코 고무뜨기 돗바늘 마무리(오른쪽 끝이 겉뜨기 2코, 왼쪽 끝이 겉뜨기 1코인 경우) Ⅰ Ⅰ―Ⅰ Ⅰ―Ⅰ Ⅰ―Ⅰ Ⅰ―Ⅰ Ⅰ

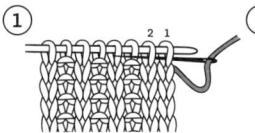

① 1번 코와 2번 코에 바깥쪽에서 바늘을 집어넣는다.

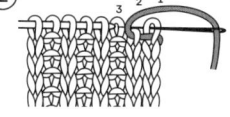

② 1번 코로 돌아와, 3번 코에 앞쪽에서 바늘을 넣는다.

③ 여기부터 겉뜨기끼리 2번의 앞쪽에서 바늘을 넣고, 4번의 바깥쪽에서 바늘을 넣는다.

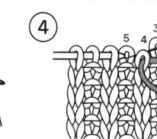

④ 안뜨기끼리 3번의 바깥쪽에서 바늘을 넣고, 5번의 앞쪽에서 바늘을 넣는다. 마지막 코는 바깥쪽에서 앞쪽으로 바늘을 넣는다.

1코 고무뜨기 돗바늘 마무리(오른쪽 끝이 겉뜨기 1코, 왼쪽 끝이 겉뜨기 2코인 경우) Ⅰ Ⅰ―Ⅰ Ⅰ―Ⅰ Ⅰ―Ⅰ Ⅰ―Ⅰ Ⅰ

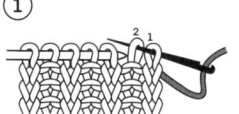

① 1번 코는 바깥쪽에서 2번 코는 앞쪽에서 바늘을 넣는다.

② 1번 코는 앞쪽에서 3번 코는 바깥쪽에서 겉뜨기끼리 바늘을 넣는다.

③ 2번 코는 바깥쪽에서 4번코는 앞쪽에서 안뜨기끼리 바늘을 넣는다.

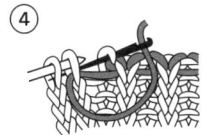

④ ②, ③을 반복하고 안뜨기와 왼쪽 끝의 겉뜨기에 그림과 같이 바늘을 넣는다.

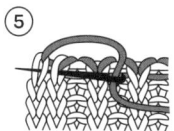

⑤ 왼쪽 끝의 겉뜨기 2코에 그림과 같이 바늘을 넣어 실을 빼낸다.

잇기

메리야스 잇기

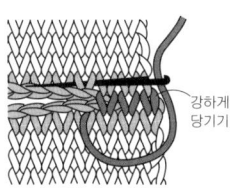

강하게 당기기

메리야스 코를 만들면서 이어 붙인다. 겉 쪽을 바라보며, 오른쪽에서 왼쪽으로 이어 나간다.

코와 단의 가로 잇기

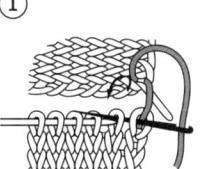

① 메리야스 잇기와 같은 요령으로 바늘을 넣어간다.

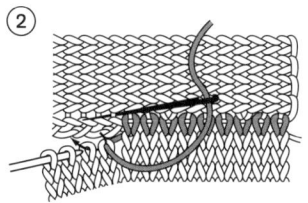

② 이어 붙이는 콧수보다 단수가 많은 경우는, 때때로 1코에 2단을 떠 균등하게 잇는다.

세로 잇기

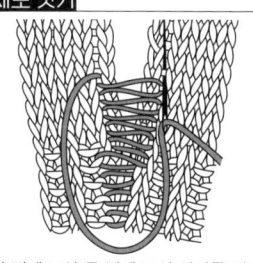

첫 번째 코와 두 번째 코의 사이를 지나 가는 실을 1단씩 교차로 떠 올라간다.

이 책에 사용된 실

리치모아	○엑설런트모헤어(카운트10) 성분 ... 울 76%(수퍼키드모헤어 71%, 램스울 5%), 나일론 24% 중량 ... 한 볼 20g(약 200m)		○퍼센트 성분 ... 울 100%(방축가공. 방축; 천이 줄어들지 않게 함) 중량 ... 한 볼 40g(약 120m)
다루마 DARUMA	○울 모헤어 성분 ... 모헤어 56%(키드모헤어 36%, 수퍼키드모헤어 20%) 울(메리노울) 44% 중량 ... 한 볼 20g(약 46m)	○손으로 짠 명주 풍의 탐사 성분 ... 아크릴 54%, 나일론 31% 울 15% 중량 ... 한 볼 30g(약 58m)	○부드러운 양 성분 ... 아크릴 60% 울(램스울) 40% 중량 ... 한 볼 30g(약 103m)
퍼피 PUPPY	○퀸애니 성분 ... 울 100% 중량 ... 한 볼 50g(약 97m)	○뉴 3PLY 성분 ... 울 100%(방축가공) 중량 ... 한 볼 40g(약 215m)	○뉴 4PLY 성분 ... 울 100%(방축가공) 중량 ... 한 볼 40g(약 150m)
	○브리티시파인 성분 ... 울 100% 중량 ... 한 볼 25g(약 116m)	○프린세스애니 성분 ... 울 100%(방축가공) 중량 ... 한 볼 40g(약 112m)	○모나루카 성분 ... 알파카 70%, 울 30% 중량 ... 한 볼 50g(약 89m)
	○유리카모헤어 성분 ... 모헤어 86%(수퍼키드모헤어 100% 사용), 울 8%(엑스트라파인메리노 100% 사용), 나일론 6% 중량 ... 한 볼 40g(약 102m)		
Rico design	○Essentials super chunky 성분 ... 울 50%, 아크릴 50% 중량 ... 한 볼 50g(약 85m)	○Essentials super super chunky 성분 ... 울 50%, 아크릴 50% 중량 ... 한 볼 100g(약 100m)	○Essentials super kid mohair loves silk 성분 ... 모헤어 70%, 실크 30% 중량 ... 한 볼 25g(약 200m)
WOOL AND THE GANG	○CRAZY SEXY WOOL 성분 ... 울 100% 중량 ... 한 볼 200g(약 80m)	○FEELING GOOD YARN 성분 ... 알파카 70%, 울(메리노울) 7%, 나일론 23% 중량 ... 한 볼 50g(약 130m)	

상품 정보는 2020년 11월 기준입니다.

KATACHI NO KNIT by Asuka Hamada

Original Japanese edition published by EDUCATIONAL FOUNDATION BUNKA GAKUEN BUNKA PUBLISHING BUREAU

Korean Translation Copyright ⓒ 2021 by Sigongsa Co., Ltd.

This Korean edition is published by arrangement with

EDUCATIONAL FOUNDATION BUNKA GAKUEN BUNKA PUBLISHING BUREAU, Tokyo

in care of Tuttle-Mori Agency, Inc., Tokyo through Eric Yang Agency, Seoul.

원서 스태프

AD & 북 디자인 아베 히로후미 촬영 킨 미즈키 스타일링 하마다 아스카 헤어 메이크업 사카이리 사유리 모델 Clara M、 Ines Yasuda

트레이스, DTP 제작 우노 아카네(문화 포토타이프) 교열 무카이 마사코 편집 미스미 사야코 일본판 발행인 하마다 카츠히로

형태의 니트

초판 1쇄 인쇄일 2021년 11월 25일

초판 1쇄 발행일 2021년 12월 2일

지은이 하마다 아스카

옮긴이 백혜선

발행인 박헌용, 윤호권

편집 정인경 **디자인** 서은주

발행처 ㈜시공사 **주소** 서울시 성동구 상원1길 22, 6-8층(우편번호 04779)

대표전화 02-3486-6877 **팩스(주문)** 02-585-1755

홈페이지 www.sigongsa.com / www.sigongjunior.com

이 책의 출판권은 ㈜시공사에 있습니다. 저작권법에 의해

한국 내에서 보호받는 저작물이므로 무단 전재와 무단 복제를 금합니다.

ISBN 979-11-6579-755-3 13590

*시공사는 시공간을 넘는 무한한 콘텐츠 세상을 만듭니다.

*시공사는 더 나은 내일을 함께 만들 여러분의 소중한 의견을 기다립니다.

*미호는 아름답고 기분좋은 책을 만드는 ㈜시공사의 라이프스타일 브랜드입니다.

*잘못 만들어진 책은 구입하신 곳에서 바꾸어 드립니다.